JN071706

人生はんど仏句

こころのおきみやげ

青木健斉 著
青木三明 編集

燃焼社

はじめに

三重県尾鷲（おわせ）市。紀伊半島の南に位置し、古くから林業と水産業を主産業としている。南北と西の三方を山に囲まれた『雨のよく降る町』として有名な市だ。

私の師父、青木健斉（けんさい）が、生まれ育った和歌山県田辺市を離れ、隣県の尾鷲市に建つ日蓮宗のお寺、寿延山（じゅえんざん）妙長寺（みょうちょうじ）の第二十五世(代目)の住職となるべくこの地を訪れたのは昭和四十九年九月十日のこと。

地図で見ると、紀伊半島の南寄り、およそ東西対（つい）の位置に田辺市と尾鷲市があり、さして距離もないように見えなくもない。しかし、実際にハンドルを握り走ってみると、幾重にも入り組んだ地形の浦村に沿って道が続き、この地が伊勢志摩の誇るリアス式海岸の延長線上に在るということをイヤでも知らされることとなる。

今でこそ高速道路が延び、国道もバイパス工事が進んだことで直線道路も増え、アクセルを容易に踏むことが出来るようになったが、当時の海岸線を走るには、いかに慣れていても、アクセルよりブレーキペダルを踏む回数の方が多かったに違いない。その行程、約一五〇km、時間にして約三時間半。思うようにスピードも出せず、決して楽な道ではなかっただろう。まして、生後六ヶ月に満たない乳飲み子だった私と、母ひろ子、引っ越しの手伝いとして付いてきてくれた母方の祖母　美濃梅香と共に、乗用車に積めるだけの家財道具をしこたま積んでの行程。今のような引っ越しサービスもなく、その時の苦労と不安感はとても想像し難い。

かつて妙長寺には横井姓のお上人が住職としていたのだが、話は二十二世・横井龍髯上人の代（明治期）に遡る。かつて修行をした同期のお上人の中に田辺市出身の青木上人がいたのだが、このお上人にはお寺の後継者がいなかった。対して、龍髯上人には息子が四人いたらしい。どのような会話がなされたかは分からないが、当の本人の知らぬ間に養子縁組の話は着々と進み、ある日、龍髯上人の次男、鐐齊少年は言われるがままに父に連れられ和歌山県田辺市にある本正寺の門をくぐる。何も知らぬまま会ったばかりの住職らと共に食事をし床につくが、翌朝、鐐齊少年が目を覚ますと龍髯上人の姿は既になく、その時はじめて養子に迎えられたことを知った…。

『朝、目を覚ますと父（龍髯上人）を乗せた船はもう港を出た後だった』…と、まるでラジオドラマのワンシーンでも語るかのように、祖父がかつて語ったであろう六歳時分の身の上話を、師父は幼い私に語ってくれたことがある。

こうして、本正寺は養子となった横井鐐齊＝青木泰秀上人が跡を継ぎ、妙長寺は龍髯上人の三男、横井龍海上人が二十三世を継ぐこととなる。

ところが、何と皮肉なことか、後年、今度は龍海上人に後継者がいない事態となる…。

養子となった身とはいえ、祖父　泰秀上人にとって妙長寺は懐かしい生家。祖父は息子達を妙長寺の住職となるよう促し、昭和四十九年に青木健斉上人は妙長寺新住職として新たな一歩を踏み出すことになる。

今でこそ尾鷲市内で『青木健斉』といえば、『団扇太鼓を叩いて市内をまわる妙長寺の和尚さん』や『お盆の精霊送りにお経を読んでる坊さん』『フリーマーケットや篆刻の展覧会を開いてるおっさん』と幾つかのイメージを伴って、それなりに知名度を持つ人になっている。

ところが、来た当初はそんな知名度などあるわけもなく、ましてその頃『妙長寺』というお寺の名前も（廃寺になったわけではなかったのだが）世間から忘れられてしまっていた。かつて市外からお参りに来られた方が、タクシーで「妙長寺まで」と頼んだのに、人気のない山奥のお堂の前で下ろされてしまった…などという事もあったという。

一人でも多くの人に妙長寺を覚えてもらうため、両親はいろいろと奔走したという。例えば買い物の際には『妙長寺』名義でツケにしたり、駅からの帰りにはあえてタクシーを使ったりと、何かにつけて『妙長寺』の名を出すよう試行錯誤したという。

また、田辺市にいた頃には、檀家・信者の方々と共に寒行にまわっていた経験もあり（詳しくは本書内『思い出』を参照）、尾鷲にも同様の風景を根付かせたいと思い、引っ越した初年（昭和五十年一月）から寒行を開始。

ところが、横井上人の代にはおこなっていなかったのか、おこなってはいたが既に廃れ忘れ去られたあとだったのか。団扇太鼓を叩いてお題目を唱えて歩く若い坊さんの姿に、当初、市内の人々の目は実に冷ややかだった。少年時代からお題目の御加護を頂き、師匠や檀信徒の皆さんと共に「南無妙法蓮華経」を唱え歩いていれば、ご喜捨（ご浄財や生米）をいただけていた健斉上人。ところがここ尾鷲の地では、太鼓を打ち鳴らすと何処からか「うるさいっ！」と怒鳴られ、当初は寒行を根付かせるどころではなかった。

師父の口からそんなときの弱音を聞いたことはないが、自身の生家と尾鷲市とのギャップをひしひしと感じ、何度となく悔し涙を噛み締め、折れそうになる心を奮い立たせ日々が続いたことだろう。

何年か後、『伜ども』（つまり私たち兄弟）も共に歩くようになった頃から、次第にまわりの印象も変わってきたと聞くが、それでも時折、おばあさんが涙を流して「これでおいしいモンでも食べなよ」とご喜捨をくれることがあり、あとになって師父から「ひょっとしたら、親子の乞食と思われたのかもしれない…」という時もあった。

いろいろあったが、最初の十年はとりわけ『妙長寺』『青木健斉』を認知してもらうための十年であったのだと思う。

越してから十年ほど経過してくると幾ばくかの余裕もできてきたのか、各所に出向いての法話に限らず、様々な形での布教を考えるようになる。毎月、妙長寺の檀家・信者向けに通信を発行したり。電話で聴くテレホン法話サービスに登録し、夜な夜な家族が寝静まった頃、玄関に置いた専用のテープレコーダーに向かって法話を録音したり。畳一畳分のベニヤ板に紙を貼り、一筆書いては寺の前にあるガードレールにくくりつけ掲示板伝道とした。

そんな中、師父は地元新聞『南海日日新聞』紙上でのコラムを連載し始める。タイトルは『人生はんど仏句』。これまでの自身の体験談や、もの申したい事などを多数書き綴ったものであるが、それが今回、皆様の目に触れる本書の内容となる。

コラム『人生はんど仏句』はのちに『行雲流水』と改題した後も晩年まで連載を続け、『日蓮宗新聞』内にて執筆したコラム『古碑めぐり』と並んで、師父の執筆上のライフワークであったと言っても過言でないと思う。その執筆熱がファンを生んだか、『人生はんど仏句』製本化の話がいつしか上がり、地元の印刷所で五度、一冊百ページほどの小冊子形式で製本された。その後、五冊を一冊にまとめた本も『こころの春夏秋冬』『このいのちどう生かす』のタイトルで二度製本されている。

約四十年強を経、根っからのアクティブな性格や、前述の筆まめさ、多趣味なところが市内外を問わず数多くの方々とご縁を結び、尾鷲市に居ては『妙長寺』『青木健斉』『健斉さん』といえば、おおよそ顔が浮かぶくらいの存在となっていった。

今となってはウソかマコトか知りようもないが、祖父はかつて「『和歌山県　青木泰秀上人』と書いておけば（田辺市の本正寺に）手紙が届いたそうだ」と師父が教えてくれたことがある。口に出すことはなかったが、心のどこかに『（父には）届かずとも、そのくらいのネームバリューに近づきたい」との想いはあったのかもしれない。

晩年のこと。経緯は知らないが、師父は市内在住の男性から「アンタ、どこのオッサンぞな?」と聞かれたことがあったらしい。余程それがショックだったのか、家族に「自分（の知名度）は、まだまだらしい…」とつぶやいていた。まぁ、それを言わせるほどには十分に市内での知名度は高い人となったし、私も家族もそのくらいの知名度を持った尾鷲の『名物和尚』であると思っている。もし、長年尾鷲市に居て「妙長寺?」「青木健斉?」という方がいらっしゃったら、地元の新聞二紙を過去四十年分読み直して頂きたい。『青木健斉』の名が散見されるはずである。

時に、保育園の園長や塾を開くなどして教育の現場に接し、
お盆の夜には、軽トラックの荷台に正座し法話を説き、
毎冬には、団扇太鼓を片手に市内を寒修行に回り、
ペンを握っては、地元内外の新聞に記事・コラムを書き綴り、伝道に力を注ぎ、
心に響く言葉を見つけては、無垢の木の板にその言葉を篆刻（てんこく）し、
留めたい町の姿を見付けては、その風景を水彩画に収め、
市内のイベントに併せ、フリーマーケットを開催し、
場が無いのなら…と、ジャンル不問のコンサートを魚市場で開き、
震災の被災地を訪れ、憂いては、毎月十一日に町中で団扇太鼓を叩いて唱題し…

こうして四十年、青木健斉上人は『皆の心を響かせたい！』との想いを胸に、全力で駆けずり回ってきた。
しかし、去る平成三十年十一月二十日早朝。身体の異常を訴え、市内の病院に緊急搬送。家族、檀信徒、知友人が一心に回復を祈る中も虚しく、翌二十一日未明、御遷化（せんげ）。七十二歳の生涯を閉じられた。

今回、師父が約三十年にわたり地元新聞に連載していましたコラム『人生はんど仏句』。過去にも幾度となく製本はされておりますが、今回、生前より深く交流のあった方々の希望もあり、家族・知友人有志のご協力を得まして再び製本の機会を得ました。こうして皆様のお目に触れる機会を再度いただけましたことを大変感謝致します。

自身の書斎にて

なお、今回の出版に当たり、掲載当時『一行ごとの文字数制限』を理由に漢字・ひらがな表記が統一されてないものや、明らかに説明が不足している内容・表現などにつきましては、原文を損なわない最小限の範囲で修正をしました。また、内容によっては時代に沿わない、あるいは不適切な表現などもありますが、原文を尊重し、そのまま掲載した箇所がございます。あらかじめご了承いただいた上で、お読み下さいますようお願いいたします。

この本を通じ、在りし日の師父、青木健斉上人の声をお聴き頂けましたら大変嬉しく思います。

青木健斉　長男　　妙長寺第二十六世　青木三明

妙長寺第二十五世本理院日幹(ほんりいんにちかん)（青木健斉）上人第三回忌にあたり本書を御奉納し、上人の増円妙道を御祈念申し上げます

合掌再拝

（今回の上梓に際し、北九州市小倉北区鍛冶町二ノ五ノ二十二　眞浄寺第二十七世　中村潤一上人の著書『人生はんど仏句』のタイトルをここに頂戴致しました）

人生はんど仏句・目次

カバー表絵―青木健斉
装幀―畔芳久

人生はんど仏句

——こころのおきみやげ

小僧時代

私が本格的にお経を覚え出したのは、小学校五年生の頃。親父（師匠）も随分若く、血気盛んでした。どこの寺のせがれでも、そうなんでしょうが、寺の仕事は大っ嫌いで、頭を短くすること、衣を着ること、お経や作法を覚えること、一つ一つが引っ掛かり、「何で、お寺へ生まれてきたんやろ」と、一人苦しんでいたものです。夕餉（ゆうげ）の晩酌で、上機嫌になった親父は、本堂へ私を連れて行きます。その時の気分など、屠（と）殺場へ送られる牛みたいなものでした。

小さな経机を挟んで、口移しに一句ずつ教えてくれるのですが、読みにくい所は、口が回らず、何度も間違います。その毎にホッペタが腫れ上がるくらいに、ビンタを貰い、涙声で、また、間違う。涙で、お経が読めません。足蹴にされて、「覚えが悪い」と怒鳴られて、泣く泣く、宿題なんぞをやったものです。

高校時代になりますと、土曜・日曜は、法事のラッシュ。「友達と、約束があるから」とか、いろんな理由を付けても、無理矢理、衣を着せられました。「絶対に、坊主なんかになるものか」。心に念じて大学生。調子に乗って伸ばした髪も、夏休みに帰ってきたら、また丸坊主。

大学の終わる時に、親父は修行に入る書類を、既に作っていました。「何と、手回しのええことよ」と思う間もなく、修行に行かされました。でも、修行はつらいどころか、とても面白い。お経も、ほかの人たちよりも、進んで読めました。「あいつの前でお勤めしたら、今、どこを読んでいるか、すぐわかる。声が大きい」というセリフを聞いて、ハッと思いました。あの時に殴られてつらかった涙は、今、全国から集まった若僧の中で、一番役に立っていると。涙が出てきて、呟きました。「よう殴ってくれました」

あの時、しつけてくれなんだらと、今になって思います。

お坊さんの生活が楽しくなってきた近頃、とみに思います。深謝、深謝。

思い出

時々、テレビなどで、一般の人の目には触れないような、お寺の生活や、修行風景が映し出されます。それらは宗旨、宗派によって、随分違いますが、私のしてきた一端を書いてみようと思います。

わが倅どもには、六歳の六月六日から、お経を習わせましたが、私は小学校五年生頃から師匠に教わりました。一番基礎となる三つのお経を習って、お盆には、お参りに出掛けたのですが、一番最後のお経を先に読んでしまったので、あとが続かず、「おばちゃん、家へ帰って聞いてくる」と言って、恥かしい思いをしたことがあります。

寒行の最初は、提灯(ちょうちん)持ちです。寺の名が書いてあり、ローソクで焼かないようにすること。そして、首には頭陀袋(ずだぶくろ)と言って、昔は、ご浄財はお金ではなく、お米でした。湯呑みに一杯、入れてくれるのです。生家の寺の寒行は四時間位、市中を大体8の字の形にくまなく回り、途中に寺の近くを通り掛かるのです。首から提げた袋の中は、何升にもなったお米の重さで、痛くて、しょうがありません。道順を覚えさせるために回らされたのでしょうが、この重さが堪(こた)えました。

まして、寒の冷たさと腹が減ってきたことと相まって、早く帰って熱いうどんなどを食べて寝たい、とばかり思っていました。

すると、向こうの方に母親の姿が見えます。「ああ、『もう帰れ』と言うてくれるな。嬉しいな」と思って、張り切りました。目の前に来た母親は、「ご苦労さん」と言うと、首の重たい袋を取って、ホッとしたのも束の間、新しい袋を首に掛けて、「残り、頑張ってよ」と一言。またまた親父のあとを随いて、寒さに震えながら、回ったものです。昔はそんなことが、当たり前でした。殴られることも、叱られることも、そして、まわりの人たちからも、悪いことは悪いこととして教えられ、子供のうちに鍛えられて来たのだと思います。

貪瞋痴

中国の三大小説の一つ、「西遊記」を御存知でしょう。孫悟空が、大活躍するお話しです。

天竺へお経を取りに行く三蔵法師に随き従う、三人（？）の家来。觔斗雲に乗り、如意棒をふるって大活躍する石猿の孫悟空。強いくせに女性や食べ物に弱い、豚の猪八戒。気の良い、河童の沙悟浄。

火炎の山に行く手を阻まれて、瓢箪に吸い込まれ、妖怪に悩まされては、苦難を一つずつ乗り越えて行く、行程三千里です。

誘惑に弱い猪八戒のために、師弟共々、災難に遭います。短気な孫悟空が、師に背きます。間に挟まる沙悟浄が、ウロウロします。三蔵法師にとっては、実に心強い家来たちですが、またその反面、何とも手を焼かす三匹なのです。

この三匹は、絵空事の物語ではなく、私たちの心の中にある生き物について、書かれているのです。

短気な孫悟空を怒りを代表したものとしたら、八戒は貪欲を表し、沙悟浄は愚痴を表現しています。仏教の世界でいう、仏さまとなろうとする時に邪魔をする、貪瞋痴の三つです。もちろん、三蔵法師は私であり、あなたなのです。

私の心の中で、よく暴れる孫悟空。心の中で、いつも貪婪の鼻を鳴らす八戒、怠惰で愚かな沙悟浄もいます。あなたの中にも、頼もしくまた厄介な三匹がいるはずです。

三蔵法師が、三匹の助けによって、天竺まで行き着けたように、私たちも心の中の三匹を上手くなだめすかし、時には厳しく叱ったりして、人生行路の同伴者にしましょう。

煩悩々と、悪者扱いせず、かえって、理想の彼(か)の岸を目指す、私たちの良き協力者かも知れません。

純白の蓮華は、汚泥の中に咲きます。煩悩即菩提(ぼんのうそくぼだい)です。

若い人だって

七月七日の昼過ぎ、わが家の子供たちを川へ送るため、通称・キョウラ谷へと向かい、トンネルを少し過ぎた所で、対向車に出会いました。

ゆっくりすれ違ったと思った途端、左側の溝に、左側両輪を落としてしまったのです。相手の車は、一言何かを言って、そのまま立ち去ってしまいました。

何とか、石を積んで出そうとしましたが、なかなか上手く行きません。そこへ軽四でやって来た若者たち、四～五人が下りて来て、そこへ知人も加わり、吊り上げてくれたのです。

一見つっぱり風の、一面識もない若い人たちでしたが、そのまま通って行っても当然なのに、汗を流して、力を貸してくれたことに、嬉しくなりました。

何度も「ありがとうございました」と言い続けたのですが、それでも足らないような気がしてなりませんでした。

以前、と言っても数年前ですが、熊野の青年が暴走の上、車の屋根が取れるほどの事故を起こし、その青年は命を失いました。

彼の友人たちは、「警察の方は、暴走族だと言っている。私たちはそうじゃない。車も署の裏側に放置している。何とかしたいので、友人を集めるから、お経を上げて欲しい」とのことでした。了解の意を言いますと、彼らは三々五々に散らばり、友人たちと、花やお線香を買ってきました。その行動の早かったこと。

警察署に彼らと出向き、一緒にお経を上げてお供養をしましたが、現実主義と言われてもいい彼らが、涙を流し手を合わせて、友のためのお経が終るまで、じっと佇んでいたのには、何かしら新鮮なショックを受けたのです。

無宗教、無信仰であっても、若いうちはいいのではないか。手を合わせ、涙を流し「霊よ、安かれ」と祈れる彼らの心がある限り、まだ純粋な渇き切っていない心を持っているのです。「まんざらでもないな」と思いました。

人任せでは

「和尚さん、一番ありがたいお経を読んで下さい」と、ある人がのたもうた。私にしても、一体、どれがありがたいのやら、ありがたくないのやら。そんなこと今まで聞いたことがない。「これが一番ありがたいお経で、こちらの方は全くありがたくない何でもないお経です」とは、学校の教授は言いませんでした。それでもお勤めをしましたが、そののたもうた御方は、自分の口で、自分の声で、亡くなられた方に対し、一度も自分の目でお経本を見ることもなく、法事が終わりました。

自分で唱えることもせず、全て、お坊さんにおまかせで、自分は痺れを堪えているだけだとしたら、そんな時間はもったいない。本当にありがたいお経があるとしたら、それこそ故人に向かって、自分の口で、声で、お唱えしてあげるものに勝るものはありません。目の端に露を宿らせる心も持たず、ただおまかせでは、亡くなった人に申し訳ないことです。

また、ある人が「和尚さん、葬式で名古屋の方へ行ってきたが、向こうはみんなお経読めるんな。ワシ、知らなんだで座っとった」と。

笑って話せるうちは良いけれど、もし、自分の最愛の子供、妻や夫が亡くなっても、それでもあなたはただ黙って座っているだけなのでしょうか。一度も「霊よ安かれ。早く浄土に、仏さまの元へ行くんですよ」と、心からの願いを込めた祈りをしないのでしょうか。

お経が上手に読めないとか、意味が解からないとかいう以前の問題です。誰のために、何のために、お経を唱えるのかということです。亡くなった方には、私たちは祈ることしか出来ないのです。そして、仏さまの述べられた御教え、つまりお経を唱え、私たちの心を添えて故人に手向けるのです。

故人は、あなたが唱えてくれるお経を待っているのです。つまって読んでもいいのです。自分の声でお勤めしましょう。

自分勝手

ある日の夕方、少し離れた所の方が見えました。見ると、沢山の買い物を持っております。今日は、大安売りか、開店祝いでもあったのかと思いながら、話を聞きました。

「和尚さん、年忌をしてくれんやろか。朝早う出て来たんやが、買物に手間どって、あんまり時間がないんで、ちょこっとでええから上げて欲しい。汽車の時間もあることやし…」と、実に自分の忙しく、時間に追われていることを訴えられました。が、しかし、カチン！と、私の頭の中で鳴った音は聞こえなかったようです。「あァそうですか。まずは本堂までどうぞ」と案内し、塔婆を書き、急いで衣を着て、袈裟(けさ)をつけ、ローソクに火をともし、線香を立てて、位牌を出して、準備オーケイです。

親切な私のことですので、亡くなられたご先祖、ましてや、年忌にあたって(日も月も、ずれてはいますが)いる方に向かって、本当に丁寧に、約一時間半にわたって、お経を上げることが出来たのです。その間、お客様はありがたそうに、私の顔と時計を見ながら、何度も立ち上りそうになっていました。感激の余りにか、汽車に乗るのさえ遅れてしまったのです。

嬉しかったですよ、本当に。

どうして、こうなったのでしょうかね。一番最初に、お寺でお勤めをして、あとの時間は充分、自分のために使えば良いものを、自分を先にして、大事なご先祖をあとにしたからなのです。

文句や注意をすると、多分、その方は怒ったことでしょうね。だから、私は親切にしてあげたのです。何故、ご先祖が大事なのか。それは、今のあなたの命、人生、家族のあるのは、あなたのご両親やまわりの、そして、あなたに愛情を注いでくれた人たちがあってこそ。

それを放ったらかしにしといて、「時間がない」とは、少々、おかしいのではないですか。沢山ある、あなたの時間を、ほんの少しさいたって悪いことはありません。

呼び方

ある晴れた日の夕方、孫娘を連れたお婆さんが、境内で遊んでいました。そばを、お勤めから帰ってきた私の姿を見て、子供は私を指さし、「あっ、和尚さんや」。すると、そばにいた、そのお婆さんが「和尚さんと違うがな。先生やがな」と言いました。アレッと思って、あとでよく考えてみると、「お坊さんには、いろんな呼び方があるもんだ」と、再認識したのです。そこで、本日は呼び方の講釈をしましょう。

〔1〕方丈さん。禅宗のお坊さんを指して言う言葉で、お寺の長老や住持が、一丈四方（畳四畳半）の部屋で、寝起きや、寺務をも取られたことから、「方丈さん」と敬って、言うようになったのです。

〔2〕院主さん。これも禅宗の言葉で、住職に代わって寺務をする人を、こう呼びますが、転じて、○○院と名付けられたお寺のお坊さんのことにも使われるようです。

〔3〕住職さん。一番、一般的な呼び方ですね。どの宗旨のお坊さんに言ってもいいのですが、若過ぎるお坊さんや、修行僧に使ってはいけません。修行僧には、「沙弥（しゃみ）」とか、「小僧さん」とか言ったりします。また、本山ではなく、町のお寺の跡継ぎの方には、「若上人」とも言いますね。「じょうにん」ではなく、「しょうにん」です。

〔4〕上人さん。聖人と書く場合もありますが、上人の方が正しいのです。これも一般的に使われます。お坊さんの名前を言わない時は、「○○寺のお上人さん」なども言います。このように色々と呼び方はありますが、決して、「先生」ではないのです。教えを垂れるという考え方からすれば、そうかも知れませんが、やはりそれに合う尊称を使うべきだと思います。お上人、ご住職、方丈さん、良い響きです。そして、一番よく使われています。

間違っても、「あんた」とかは言わないで欲しいものです。

うるさいな

法事、いわゆる、寺参りがあり、お勤めが始まると、必ずと言って良いほど、話し出す人がいます。話し掛けられた人も、迷惑と思わないで話し相手をするのですから、同類項なのでしょう。ご法事というのは、日頃、私たちが忘れている「死」と直面することで、今生きていることの再認識、生かされていることを考え直す、日本人が編み出した最高の方法です。

そして、生きてお供養出来ることに感謝し、故人の冥福を祈り、ご住職と一緒にお経をお唱えする、厳粛（げんしゅく）な儀式です。

腕時計と和尚さんの顔を見比べ、痺れの切れた膝をさすりながら、「おっさんのお経長いんな。まだ終らんのかいな」と、ボヤク場ではないのですよ。お経の本も、お寺に置いてあるはずです。生前の故人を偲びながら、例え一句でもお唱えして、心からの祈りにしたいもんやと思うんです。

それと、思うことがあと一つ。私も役僧として、お葬式のお手伝いに参りますが、法事の時と同じように、話し声が高いのです。特に、自宅でお葬式を行う時がそうです。

式の真中辺りで、導師が故人に向かって、「お前に今、仏教の戒を授け、生前の行いを見て、戒名を付けたぞ。そして、お前のために、仏教の要（かなめ）を教えてあげよう。これを持って、浄土へ行きなさいよ」と、引導を渡します。その時に限って、台所の方から包丁の音、油で揚げる音、お寺や親類のこと、近所の噂話などが、実に声高に聞こえてくるのです。お葬式の最中にですよ。

残された方々のことを、考えて下さい。今、それを話さなくてはいけないことでしょうか。

もっともっと本気に、故人の、あるいは死というもの、ひいては今、自分が生きているということを、考えて欲しいのです。

せめて、お葬式の間は、静かにしておいてくれたら、と思うのはお坊さんばかりの意見ではないと思います。

無心に唱える

尾鷲の地は、三方を高い山並みに囲まれ、一方は海に臨み、いにしえの昔より、「お伊勢七たび、熊野にゃ三度」と、歌われてきました。馬越（まごせ）・八鬼山（やきやま）には、今なお、熊野古道の石だたみが残っています。

多くの人が、こんなに近くに山々を眺め、今では保育園児も、天狗倉山（てんぐらさん）のてっぺんにまで登るくらいに、親しめる所があります。

天狗倉山を例に取りましょうか。まず、馬越公園のお不動さんに、「無事に帰ってこれますように」と、お賽銭を入れてご祈願をします。

もう町の屋根も随分小さく、国道、大通り、向かいの山々を目の前に見て足踏み。子供たちは軽い足取りで、前へ後へと走り回ります。ヒノキの林を過ぎて、少しずつ息が荒くなってきますが、とにかく同じリズムとペースで頑張りましょう。途中で何度か手を使い、「よっこいしょ」と、声を出しつつ、汗を拭きながら、一歩一歩登って行きます。林の中では、遠くの景色を見ることもままならず、今は足元しっかりと踏みしめるだけ。ようやくのことで、山頂の大岩の許（もと）に着きました。あと一息頑張って、やっと方位の刻み込んだ頂上の石に腹這いになって、市街を、それも実にはっきりと見えた時、どんな声が出るでしょうか。「ウワー！」「スゴイ！」「キレイ！！」「…」。汗を拭うことも忘れて、目下に広がる風景に見とれています。頭の中も、腹の中もカラッポ。風に吹かれて、無心な、何のこだわりもなく出て来た一声の「ウワー！」「スゴイ！」。

これが、本当のお念仏です。お題目です。称名（しょうみょう）なのです。苦労が苦労と感じず、流れる汗も心地良く、笑顔の出るその時、あなたは仏さまの心です。見渡す限りの天地は、今、あなたと一緒にあるのです。心が心から解放され、まさに無心と言っていいでしょう。そんな心で、人と接することが出来たら、どんなに素晴らしいでしょうね。いい時を、沢山持ちましょうよ。

ルンビニーの昼食

先年、西天インドに行った時、最初の地がお釈迦様の生まれたルンビニー。昔は森の中だったのですが、今は地平線が見えるくらいの平野。その中に大きな菩提樹が立ち、その下に白い建物。そばには池が。ネパールからもおまいりの人が沢山みえていました。

インドの乾季は雨がふらず、ホコリッぽい。

おまいりをすませて、川の堤（つつみ）で昼食をとります。ミルクティーの何とおいしいこと。ランチボックスの中身は、タマゴ一コ、チキンフライ二コ、小さなジャガイモ二コ、三角定規のパン二切れ。胸につまりながら食べました。いつの間にか地元の子供たちが、やせ細った体とうらやましそうな目付きでながめています。

インドにて

とてもじゃないが、その知らぬ顔で食べられません。残ったものを、兄弟とおぼしき三人をあつめてわたそうとしました。すると一番年上の子が、パッと私の手から取ると一目散に走り出し、遠くはなれたところで一人で食べ出したのです。残された子供たちは、追いかけようともせずに、何かくれと言うのです。とても、悲しくなりました。

自分一人さえ良ければ良いのか、身内のことを考えないのか、それ程飢えているのか、何故だ、何故だと考えつづけながら、ミカン、タマゴと、友人の残りものをもらって分けました。子供の心が本当の餓鬼になっている。少しずつでも分けて食べれば、おいしいねと笑顔がもどってくるのに、いや途上国は、動物は強い方が勝つのか、色んな思いが頭の中で交錯しました。

日本はまだ安定しています。勤勉な人種です。でも食べ残しの現実や、貧しい人たちを軽しめる目を持っているのです。それをおさえてより謙虚に生き、つつましやかに日々を送ること、無駄を出来るだけ出さず、感謝の気持を忘れずにいたら、もっと良い日本人となるでしょう。餓鬼の心は、いつも私たちのスキをねらっているのです。負けないようにしましょう。

比べるから

日本は長かった不遇な戦いを終え、焼野原になった地に、改めて復興の志を燃やして日本の再建に立ち上がり、今年で四十年になります。何にもなかった。欲しくても手に入らず、何ともならなかった時代が続きました。それでも人々は笑いを忘れず、家族を守って少しずつ良い生活と努力してきたのです。そのうち、所得倍増論が打ち出され、「三種の神器の現代版だ。家付き・カー付き・ババァ抜きだ」などと、物質の豊かであることを追い求め、育ててくれた母の恩など、どこ吹く風の呈も見せ始めてきました。そうこうしているうちに、「列島改造論だ」などと、開発に次ぐ開発で、国土は二度と戻らぬ荒地となり、儲けたのはホンのごく一部の人々。近い所では、豊田商事の金地金、ゴルフ会員券のペーパー商法など、億という単位が、ごく普通に使われ、それに驚かなくなっている私たちは、既に狎れ切ってしまい、悪ということにも不感性となっているのではないでしょうか。

　こうした被害者の方々には、例に出して申し訳ないことですが、原因を考えてみますと、「絶対に困らない方法で財産を」と、これらに手を出したか。「前よりは良くなりたい。もっと！」とか、言い替えれば欲を出したり、自分の考えがしっかりしていなかったからでしょう。

　今から二千四百年も昔、お釈迦さまは、人間の心を深く深く考えられました。そして、一つの確信を得られたのです。それはこういう言葉でした。「人間は比べるところから、苦しみが始まる」と。となりの家がクーラーを、新車を、旅行に、と妬み、嫉む。そこから対抗意識を持ち、無理に無理を重ねて、見栄を張ろうとしているのかも知れません。

　となりの花は赤く綺麗に見えますが、その家の苦労など誰も知ろうとしないで、赤く見えるから私も欲しいと思う。比べる心から苦しみが始まるとすれば、せめて、自分の分をわきまえた者が、一歩、人より勝るとのことになるのでしょう。本当の意味で。

語呂合わせ

語呂合わせ。一つの言葉を、別の言葉に替えて遊ぶ。また、忌み言葉を全くひっくり返して、ゲンを直してみようという、日本人独特の文字好き、言葉遊び好き、シャレが好き。クチナシの白い花は口無しから、「死人に口無し」に通じると、別の言い方で。梨の実は、なしになると、ゲンが悪いので、アリの実と。擂鉢や硯箱は、擦り切れる、なくなることになって嫌だから、アタリ鉢にアタリ箱なんて。豆腐のオカラは、寄席の所では、空になって人が入らないてなことで、切らずに料理が出来るから、キラズと言い替える。

食堂に入り、丼物を注文すると、それと一緒にタクワンが出て来る。よく見ると小皿の上にはたった二切れ。どうしてなのか？　私はもっとタクワンが欲しいのに。これも語呂合わせ。一切れでは人を切る。三切れでは身を切ってゲン悪し。四切れは死に通じ。五切れでは店が損をしてしまう。そこで二切れとなった次第。同じようなのが、ある人が亡くなって、「四十九日のお勤めが、三ケ月にわたってはいけない」と言う。いわゆる、三月越しの法事は止める。一体全体、何のため？　三月は、身を突きになってしまうから、と言うのです。なるほどと、感心してはいられない。月末になって亡くなる人はゴマンといます。もし、あなたがそうなったら、本当の四十九日にお勧めもしてもらえないことになる。ある人が、擦り切れるのは悪いからと、スリッパのことをアタリッパと言ったとか。ここまでくればお笑い草です。

病院やホテルにも、4や9の数字はないそうですね。ゲンを担ぐあまりに不機嫌になり、身動きが取れなくなるのではないですか。今日、契約しなければ、何千万円がフイになる。そんな時、「今日は日が悪い」「仏滅だ」などと言ってては、仕事も左前になるのは当たり前。そんな根も葉もないことに、気を遣っているよりは、もっと身のまわりに気を付けましょうよ。スンナリスンナリ、水のように。

心でっかち

石蹴り、缶蹴り、かくれんぼ、べーごま、こま回し、凧上げ、おはじき、影絵…。物が全くなかったから、身近にある物で何とか遊ぼうと思った。釘一本があれば釘打ちをして、お互いに囲み合いをしたし。それに金槌があれば、（船を作ろう、と）木切れを拾ってきて、縁に舟の手擦りと糸を張り巡らした。一寸大きな四角い板だと、パチンコを作り、悦に入ったものです。お小遣いなんかで十円くれたら、天にも昇る気持で。お年玉も、お客さんが来たからと言って期待は出来なかった。フカシイモが、時々おやつでした。それが当たり前だったし、それしかなかった。今の玩具をやって、面白いが、どこかで一人で閉じ籠もって、一人だけで楽しんでいるから、友だち同士の笑い声も、共同で作ったルールもない。あるのは自分だけの含み笑いだけ。

多分、昔の遊びは今したって面白いと思う。ドッジボールやかくれんぼ。みんなが知っているし、どこでも出来る。電気は要らない。じゃあ、今の子供はどうなんでしょう。物があり余っているから…と言うのは、物をあり余らせている大人がいるからじゃないのか。買い与え、品選びが出来るというのはありがたいことですが、同時に買う意欲ばかりを煽るから、不幸ではないのかな。子供たちが、正月に何万円も持ってるおかしさ。妙に子供らしくない子供の言葉使い。遊ぶ場も少ないのは事実だけど、探せば沢山あると思う。危い所を歩かせて、危いと身体で覚えれば、二度と同じことはしない。

子供のうちにこそ喧嘩をして、大人になれば仲良くなるのが本当だ。血を出してこそ、キズの痛みがわかろうというもの。子供は、いつの時代でも、大人や親から叱られる権利を持っているし、大人や親は、どこでも叱る義務を持っている。

マイコンやパソコンを扱って、頭でっかちの子供を作るよりは、大いに野山や川浜を走り遊び、心でっかちの子供を育てましょう。子供には自然がよく似合う。

どう見える？

少し離れた所から電話がありました。その家の庭石の模様が、どうも人の顔に見える。「気持ちが悪いので、お寺で預かってくれないか」というお願いでした。そう言えばこの前、テレビでも、東海村のあの発電所のある所ですが、幽霊が出るとか言って、毎夜毎日大勢の人や車でごったがえしていると言います。そして、その幽霊の正体は、そこに建っている碑文の石が、「何やら、子供を背負った女の人だ」「ここにも、顔が映っている」などと、実にまことしやかに宣伝しているのでした。石の模様が人の顔に見えたら、どうだと言うのでしょうか。

そんな例は幾らでもあるし、自然が作った妙と言えば、それで良いのではないでしょうかね。東海村の碑文にしたって除幕式をしたはずだし、大勢の人がそれを見たのに、今頃になって騒ぎだすのはどうか。どうして、そう人の心を逆撫でするような、くだらぬことを言い出すのでしょうか。電話の人にしても、今まで自宅の庭にあった石でしょうし、見方によってはそう見えるのなら、いろんな物にも、取りようによっては何とでもなる。

お寺でそういう物を預かるとすれば、お寺はそんな気味の悪い物ばかりで埋まり、不気味な所となってしまう。そんな不気味な物ばかり集まった所でお葬式をしたり、寺参りをするのでしょう。ご先祖だって、そのお寺に入っているのでしょう。それで良いのかなと思う。

いつも言うように、迷信や理由のない言葉や、ゲンを担ぐということは、そろそろ止めて貰いたいと思うのです。人とつきあうのに気を使わないで、今まであった石一つに心を使う必要があるのでしょうか。心が貧しいからとしか言いようがありません。雲がアイスクリームや竜に見えたら、やっぱり気味が悪いから、お寺で預かるのでしょうかね。

もっと生きている自分や、まわりの人たち、心に気を遣った方が、良い日々となると思うのですが如何でしょうか。

一枚の葉書で

私の母は五十四歳の若さで亡くなり、父は今七十五歳で健在です。家内の父は、七十六歳で亡くなり、母は七十三歳で未だに畑仕事をしながら元気に生活を送っています。

もう家内の母のような年齢になりますと、地位欲、名誉欲など、元よりなく、子や孫の健康であれかし、そして、自分の長命であることをと祈っております。

私の父や母上にしてあげられることは、家内安全で日々を送っていること。そして、孫に該（あた）る伜どもの成長記録を、出来るだけ多く送ってあげることしかありません。近況の報告なんぞと一緒に、子供の言葉や態度は、多分一番喜んでくれるものと信じています。

ある日と言っても、何年も前のことですが、子供が随分怒っていました。理由は解かりませんが、とにかくスネているのです。そして、「大人は、ちっとも子供の気持を解かってくれん！」と、語気を荒らげて言ったのです。驚きました。

子供が、こんなことを言う。何が？　どうして？　凄い言葉でした。そして別の日に、机に向かって本を読み、そばで喜多郎の『シルクロード・絲調の道』を聞いていました。すると、「お父さん。この曲、星がいっぱい、ふってくるみたいやなー」と一言。「スゴイ、このセリフ」と、思わず家内と見つめ合いました。こんな言動を、母上に知らせたりするのです。母上は、亡きおじいちゃんの仏壇の前でこれを読み、畑仕事をする時にも持って行き、休みの折には読み返すそうです。書いた私も嬉しくなってくるのです。

「二度とない人生だから、いっぺんでも多く便りをしよう。返事は必ず、書くことにしよう」という言葉や、「一週間に一通でよい。この三十億人が心を込めた便りを必ず誰かに書くようになったら、この地球はどんなに緊密になることでしょうか」という、むのたけじさんの詞などを思い出したりします。

下手だからと言わないで、便りを出して喜んでもらいましょうよ。

今日一日

あなたは明日の朝、確実に目を覚まし、生きていると断言出来ますか？　断言出来るとすれば、凄い自信のある方でしょうね。皮肉でも何でもありません。本当にそう思います。

何故なら、私たちは今日、今、生きていますし、呼吸も心臓も大丈夫でしょう。でも、もう少し考えてみれば、暴走族のように車が国道を走り出したらどうでしょう。何人もの人が事故に遭うし、まわりの人たちだって被害に遭います。つまり、一瞬一秒後の私たちの生命（いのち）は、どうなっているかさえも解からないのが真実です。

生きている私たちは、多分、明日も目が覚めるであろうことは、確率で言えば随分高いという、ただそれだけのこと。会社から帰る途中、列車、歩行中、お使いのそれぞれの時に命を落とす可能性も同じくらいにあるのです。言えるのは、「今、私は生きている。この今、今日、この時」。これだけが、本当に確実なのだと思います。

徳川家康の十子目に、紀州徳川の祖、頼宣（よりのぶ）公があります。大阪夏の陣が初陣でした。功を焦り、城に着いた時は、もう落城していたのです。家康の前で、重役たちが戦勝報告をしておりました時、「先陣一番乗りが出来ずに、残念です」と言った。そばの重役が「君はまだお若い。これからも戦さがありましょうから、次期を狙えばよろしい」と言った瞬間、「十四の春が二度あるか！」と、一喝下したと言われます。

これを聞いた家康は、大いに「これぞ本日の一番手柄」と、誉めたそうです。

あるのは今日一日。これこそが今、解かっている確実な時なのですね。二度もあるなら、一度はパスしても今度に備えられますが、二度とは帰らない日々、二度とない人生、一個しかない私の、あなたの命です。

今日がなくては、明日は来ません。今、与えられているここ、この時を、少しでも自分を高めるようにしたいのです。

だから、コンニチワ。

弔電

お葬式がありました。式は、おごそかに進んでいます。鉢が鳴り終り、お坊さんが言いました。「弔辞、弔電ございましたら、ご披露を」と。しばらくして、ゴソゴソ話（ばなし）の上、突然、「ない！」と一言。これは一体、どういうことなんでしょうね。ドキッとしたのは、私だけではなかったようです。ほかの参拝者も、驚いたに違いありません。言葉の使い方を知らないでは、すまされないようです。それよりも、もっと基本的な公の場と、私的な所では、当然の如く違うのだと知って欲しいと思うのです。お寺では、というのではありません。ごく常識的な区別を付けるということです。

この地はその昔、城主がなかったから、上下の言葉や躾が行き届かなかったとか聞きました。商家や武士がいれば、当然のように作法も厳しくなったことでしょう。そういう意味で言えば、新たにこの地の躾や言葉使いを、考え直さなくてはいけないのかも知れませんね。

お葬式の場面、パート2。

またも弔電の時間となりました。カタカナの電文をキチンと読み下していなかったとみえて、シドロモドロの上、つっかえたり、順序が変だったりしてました。そしてついには「ご逝去を悼み、謹んで、お悔やみ申し上げます」の所を、「ご逝去を悼みつつ、死んでお悔やみ申し上げます」とやったから、一瞬、場が緊張というか白けるというか、とにかくそういう状態になりました。

ご本人はそれに気付かないで、二、三枚そのまま読んでいたのですが、「死んでお悔やみ」をするのでしょうかね。これも全く初歩的な間違いです。もし初めてで、電文を読むのにどうすればよいのか解からなければ、あらかじめ聞いておくことです。知らないことであればあるだけ、早めに正しく聞いておくと、恥をかかなくてもすみます。知人同士であやふやに決めてしまうから、間違いが起こるのですね。聞くは一時の恥、聞かぬは一生の恥ということでしょうか。

叱られるうちに

犬を飼うことについて面白い話を聞きました。子犬が生まれると、一ケ月ぐらいは母親のそばで母乳をたっぷり飲ませ、子犬同士で遊ばせ、母犬の守りと愛情で過ごさせるのだそうです。そうして、一匹ずつ貰われて行くことになるのですが、貰ってきたら、その日から食事は一日二回にし、首輪を付けて、暑くても寒くても表に繋ぎ、どんなに鳴き声を出しても行かないこと、と言います。それから半年の間に、お手、おまわり、お預け、伏せ、止まれ、お座りといったことを教えますと、犬はその命令に従い、人を襲うということがなくなるそうです。さらに人間に従うことが出来ますし、主人に対してはお腹を見せて、それを表現します。負け犬は、お腹に手を当てると鳴き出すそうです。でも、キチンとしつけられた犬は、そうではありません。

ところが近頃は、貰われてきた当初はあまりに可愛いので、座敷に上げて、糞や尿の始末を人間がしてしまう所が多いのです。そして、大きくなるに連れて手に負えなくなり、やっと成犬になって首輪を付け表に出します。すると、今までは好き放題にしていますから、繋がれることは苦痛になります。ついにはノイローゼのようになり、人に吠え、噛み付き、乱暴になるという話でした。

人間の子供も同じ動物ですし、「さもありなん」と思いました。社会に通用するには、可愛いだけでも駄目ですし、言いたい放題、好き勝手なことをするのが自由ではありませんね。「鉄は熱いうちに打て」と言いますが、心の柔らかいうちに理由を聞かせ、解からせて、子供と同じ眼の高さで、それも怒るのではなく、叱り、諭すことが大事のようです。

叱るというのは、怒りの心が入っていません。曲がった進路を、元に直す働きがあるようです。叱られるうちが、人間として認められているのでしょう。

限りあるから

「祇園精舎の鐘の声、諸行無常の響きあり」と、学生の頃、空で覚えたことがあります。「無常」と聞くと、どうも暗いイメージが広がりますね。無常の煙と言えば、火葬の煙のことを言いますし、無常の風と言うと、情け容赦のないつれない風を指すように、生命の儚(はかな)さや脆(もろ)さを嘆く意味に取られています。でも、本来の仏教語(サンスクリット語)ではアニティヤと言い、『常ではない』『非永遠的な』とか『一時的な』という意味です。ですから諸行無常とは、私たちが経験する全ての物は、恒久的ではなく変化するということ。だから、死とは直接結び付きません。変化するのですから、この地球も太陽も同じこと。身のまわりのことにしたって、自分の命だってそうです。変わって行くのです。つまり、「この現実を、事実を正しく見つめなさい」という教えです。あっという間に年を取り、月日の早さに驚きます。人生の儚さを悲観的に眺めるのではなく、限りある命に、限りない価値を見出そうとすることなのです。

もしも人間の命が限りなく続くとしたら、人間は働く必要もなくなり、何かをしようという努力も放棄したことでしょう。限りある生命だからこそ、生命を大切にしなくてはいけないのです。短い人生、青春だからこそ、貴重だと言うのです。

無常だからこそ、変化して行くからこそ、人間が努力して変化し向上する可能性も見出せるのですね。全ては刻々と変化して行きますから、今、生きているこの命の炎は、一瞬たりとも疎(おろそ)かに出来ません。

自分の命だけではないのです。自分に関わってくる子供や、両親や、妻や、夫。それぞれの今を考えるために、「無常だよ。変化して行くんだよ」と言われます。

仏教の努力主義と言える一面を表す言葉ですね。

一声かけて

お盆前のある日、汗を拭きつつある方がお寺に来ました。「和尚さん。今、石屋さんと一緒に墓を建てたんやが、お経を上げてくれんやろか」と。突然のことで、少々驚きました。お墓や仏壇、位牌を新しくした時にする法要を開眼（かいげん）と言います。それと反対の古くなった物を処分する時、いわゆる当地のお性根抜き、これが閉眼（へいげん）と言うのです。「今日から改めてお供養させて頂きます。まわりのお墓や天神地神の方々もよろしくお願いします」という挨拶が、これにあたります。

これから言いますと、アパートや借家に住むあるいは新築の方も、このように目には見えない物ですが、守って頂く善神たちにご挨拶をしない法はありません。一見、自分の力だけで家内安全のようには見えますが、目に見えない存在というのも大切でしょう。それがあるからこそ、地鎮祭を行い、新年には神社やお寺に初詣りをして、新しくリフレッシュをしようと願うのですし、日本にあるその月々のお節句も、そういう季節や自然と共にある、共に生きて行く、生活の智慧と言っても良いと思います。

話はちょっと横道に逸れましたが、最初の話に戻しますと、和尚さんもそれぞれに忙しい時があります。突然来られても、不在の時だったらどうするのでしょう。あらかじめ、電話一本入ってれば違うと思うのです。「和尚さん、寺におらなんだ」というよりは、都合のつく時を聞いておくこと。ましてや普通のおうちでもそうだと思うのです。食事時は困りますし、もちろん準備の火を使う時もそうです。一声掛けておく。

これはいつの時でも、仏事に限らず大切なもののようです。人間関係を上手く行こうと思ったら、仏さまでも、生きてる人間に対しても、目に見えぬ者にでも、やはり心を掛けてみたいと思います。そこからですよ。

バチやタタリ

ある方から電話がありました。所も名前も言ってくれません。話の内容は、「毎年一人ずつ親類が亡くなってしまうが、どういうことでしょうか。お墓や仏壇も粗末にはしてないつもりやけど、なんぞバチでも当たってるんやろか。タタリやないですか」というのです。そこで、「同じ病気で同じ日にちに亡くなったりとか、実に不思議なことがあるんですか?」と聞きますと、「老人もあるし、若い人もある。入院していたり色々ある」とのこと。

老人であれば当然のことでしょうし、入院してれば病気の程度はわかりませんが、あるいはと考えても良いでしょう。

それを仏さまのバチやとか、タタリというのでは、あまりに貧弱な、短絡な考え方というほかありません。たまたまそういうことになったのでしょうし、決して摩訶不思議な出来事でもありません。大事なことは、そういうことに心を使うのではなく、亡くなられた人々の人生や生き方、そして、その人の死というものを、自分の人生や生きている今にどのように活用するかということです。

生きて、元気なうちに全く忘れている「死」を、私たちに「お前たちもいつかは訪れるものですよ。だから、生きてるということに感謝し自分の人生を見直しなさいよ!」と教えてくれる先生でもあるとも言えます。その先生の教えを真面目に見つめ、聞かないでいると、今の人生はもったいないことと言えるでしょう。

自分一人で生きているのではなく、まわりの人々、様々な恩恵を受けて生かされている私たち。その人たちの死に出逢って、自分の生きている今に、考え直す日が、お葬式と通夜の日々です。

決して、バチやタタリなどと言わないで欲しいのです。あなたの知っていた、恩のある人と思い直し、正しく見つめてみたいと思います。

待つことが

カップラーメンが出来るまで。エレベーターが降りてくるまで。エレベーターに乗り込んで扉が閉まるまで。列車が止まり、人が降りてしまうまで。切符を頼んで手に持つまで。ダイヤルを回して相手が出てくるまでの間。どれもこれも、五分以上掛かるものはありませんよね。よく待ってみても三分間がそこそこなのです。かく言う私も、時にはイライラする時もありますが、少なくとも、もう少しのんびりしてみようと思っていますが、そばに立ってその人たちを見ていますと、あまりに待つことに腹の立つ人が多いのです。

少し昔のことを考えてみますと、並んで切符を、入場券を、と並び待つことが普通だったのに、どうしてこうもイラつかなくてはいけないのでしょう。こうした気持ちが、現代病を作り出しているのでしょうかね。近頃の電気製品にしてもそうですが、すぐに火が点き、映像が出て、音が出て、全てこれワンタッチ。待つことなく乗れる、待たなくても出来る、待たなくても手に入る。これが今の多くのキャッチフレーズ・宣伝文。これに乗せられて、人々は何でもかんでも便利を追求し、「早く、早く」が口癖となりました。子供たちは、「早く、早く」の機関銃で打たれずめ。そして、それに慣れてしまって馬耳東風。早くして何になるのでしょう。野山を歩く時も同じなのでしょうか。早くなれば、なるだけ間違いが多くなり、解からなくなることの方が多いのです。

むかし、お釈迦さまが歩いていました。その姿を見たあるバラモン（修行僧）が聞きました。

「高貴な悟りを開かれた方とお見受けしますが、あなたは何が出来るのですか？」

すると、お釈迦さまは答えました。

「私は、待つことが出来る」の一言。

少し待つことで、新しい世界や見方が出来るのではないでしょうか。

足し算の人生

私たちの今までの人生を考えてみると、父と母からこの命を貰い、まわりの人々の笑顔で育ってきました。様々な形の守りを受けて育ってきたということは、経済的に言えば、借金をしているのと同じことだと思います。何のお返しもしないで人の親切にも気付かず（小さい頃の笑顔や動作が少しお返ししたのでしょうが）一人前になり、子をなして一家を構えてからは、今度は今まで受けたご恩を感じるなら、その人たちに形のあるなしに関わらず、お返しすべきだと思うのです。

例えその人が亡くなっていたとしても、今のあなたのまわりにある人に、自分が受けたことをしてあげること。特に今、自分がして欲しいことを、まず相手にしてあげること。そして、それを忘れること。これが徳ということです。このような考え方や生き方を、足し算の人生というのでしょう。

積み重ね、少しずつ高く作り上げようと努力すること。一人では生きては行けないから、まわりの人々と共に積み上げようとする、足し算の人生。多くの人々の生き方です。

どのように積み上げるのか、人それぞれのあり方は違うでしょうが、行き着く先は同じ所を目指しているのです。

もう一つの生き方は、引き算の人生。わずらわしい物が沢山あります。金、法律、義理、人情、見栄、つきあい。時には、妻（夫）子にまでも及ぶこともあるでしょう。それらを全て振り捨てて全国を遊行（ゆぎょう）し、阿弥陀さまのお札を配って歩いたお坊さんが空也上人。口から、六仏（ろくぶつ）を出して歩いている像を見たことがあると思います。

私たちは、全てを振り捨てることが出来ません。思ってみても、想像を超えるものです。ならば、積み上げる人生しか残されていないのです。善悪の区別はつくはず。少しでも、良い方向に積み上げて行きましょう。

死と逢う

近頃は、あまりに核家族が進み過ぎ、両親と一緒に生活をしている家庭が少ないくらいです。時にはわずらわしく思えたり、病気の老人の世話をするというのは本当に大変なことですが、核家族の害の部分も目立って増えてきています。

子犬を焼き殺し何階も上から放り投げたり、横浜では、物貰いの老人を集団リンチで死なせ、名古屋の青少年保護施設では、女性係員が首を絞められて殺されました。それも女子中学生二人です。共通していた事項は、家庭内の不和もありますが、私の見た重大点は、物を与えれば良しとしていたこと。あと一つは、友人知人や身内のお葬式に子供を同席させず、死の姿など見たこともないということなのです。「私も死んだら、こんな土気色の顔になるのかな。嘆き悲しむ人が、こんなにもあるのか」という現実を見せていなかったからではないかと思いました。

小学生の飛び降り自殺などその典型的なもので、死を恐れていない、死の姿なども知らないということでしょう。これをテレビのせいなどにしてはいけません。あなたの身のまわりにある死に巡り逢えて、その子は自分の死と生を考えさせることが大切なのです。

三年ほど前、長男を連れて、お世話になったお婆さんの枕経に参りました。顔に掛かった白布を取り、死顔を見せてお経を読みましたが、顔色のすぐれない長男にあとで聞きました。

すると「ショックだった」と一言。そして、「お父さんはお経を上げるだけと思ってたけど、あんなに死体の前でお勤めするとは思わなかった」とも言ったのです。確かに幼い時にはショックでしょうが、人の死をつぶさに、目の当たりにすることで、人を傷付けることも、自分の命も、他人の命も大切に出来て行くのではないかと思ったのです。そういう機会は、子供にとって生と死の人生勉強の第一歩なのでしょう。

かんちがい

暴走族のアンチャンが、エンジンの音高らかに、人目のつく所を信号も速度も無視して走り回る。「オレは何てカッコ良い。こんなに上手く運転が出来る。女の子たち、見てくれているかな」と思っているでしょう。ところが大きなかんちがい。普通の一般市民は、全部が全部「あいつアホかいな」と思って、見ているだけです。いずれどこかで大怪我をして、骨折で済めば良い方が関の山。「運転が上手い」と思うのも、これもかんちがい。まわりの車が「こりゃ危ない」と、スピードを落とすか止まってくれるので、車の間をスイスイと行けるだけのこと。みんなが、彼らアンチャンの単車や車に挑戦してつっかかったら、あのスピードでは死ぬのが当たり前なのに、気が付かない。

自分の力で、カッコ良いのではないのです。企業が作った世界に誇るエンジンや単車に、女の子は惚れているだけなのですよ。自分だけの姿に惚れているのではないのです。原宿から出てきたような女の子もそうですよ。いつの時代でも、娘さんは娘さんらしくすれば良い。自分に似合うファッションとは、一体どういうのかを考えて欲しいです。「この娘、ずいぶん遊んでるな、ひっかけられるな」と思われているのにね。そんなに自分を軽薄にすることはありません。

サングラスもそのようです。昔の鞍馬天狗や桃太郎侍だって、覆面はしていても目はキチンと出していた。今は全く逆で、綺麗な黒目をサングラスで隠し、余計に人相が悪くなる。それをカッコ良いと思ってる。大きな大きなかんちがい。日本人は、太陽光線に強い人種です。運転するのでもないのに、夜中でもかけている人がいる。目立つことが好きならば、自分の能力で競いましょうよ。自分だけが、自分を作り上げることが出来るのです。卑屈になることはありません。

若さの中で、自分を見つめて、素直な心になりましょうよ。

抱きぐせ

ある家にお邪魔して雑談にふけっていました。すると、そこの奥さんが帰ってこられたのです。どこか、遠くの方からのようでした。ご主人が奥へ入り、何やら話しておられ、私も聞くとはなしに耳に入ってきました。どうやら、名古屋の方に嫁いでいる娘さんに赤ちゃんが出来て、初孫の顔を見に行ったようです。

そして、ついには一度も、我が孫を抱かせてもらえず、帰ってきたというのでした。ご主人は、「馬鹿にしている。今時の若い母親は一体、何を考えているんだ。遠くから出て行き、その気持ちを考えたことがないのか。抱きぐせがつくとはどういうことなんだ……」と、何度も独り言のように繰り返し、私の前でも愚痴るのでした。

あまり、よそさまのことを口にしたりするのは、いけないことですが、やはり気になるのです。「抱きぐせ」という言葉。

五、六歳になっても「抱きぐせ」がついていれば、それは少々考えなくてはいけないのでしょうが、赤ちゃんの時ぐらいは、大勢の人の祝福を受けてやればいいのにと思うのですが。お母さんや、誰かに抱いて欲しいと赤ちゃんは泣き叫んでいても、抱きぐせがつくと放っておくのでしょうか。それこそ親の、いえ、自分の身勝手というものです。お母さんの柔らかい腕に抱かれて、安らかに眠りたいのに、スキンシップをしていたいのに、親から拒絶されたら、あなたがそうされたら、どうするのでしょうか。

たかだか一年の間のことでしょう。男の私に育児の大変さは解かりませんが、しかし、女でなければ、母親でしか出来ないことだと思うのです。抱きぐせがついて当たり前。まして、あなたを産んでくれた母親、お婆ちゃんにも抱かせてあげましょうよ。子供は寝ていても、人々の笑顔が解かるのです。あなたも安心して、母親の腕で、安らかな寝息を立てて育ったはずです。

つぶやき

うちのお墓へは年に三回ぐらい、春と秋の彼岸とお盆の前に行くぐらいのもので、それ以外では、年忌に墓参りする時だけやな。お仏壇にはあんまりお供えもしてないし、ローソクや線香も点けたことがない。線香立ての灰も、いつ手入れしたのやら解からんし、お花も枯れとるやろ。位牌とゆうても、ワシの知らん人ばっかりやから、年忌もとえへん。ご飯は、お供えするかって？ 入れる器もないから、したこともない。そんなこと、せなあかんのか。お墓か？ 多分、草も生えとるやろうけど、墓守りさんがやってくれてるやろと思う。お寺の行事に参加するかって？ そんなもん、行ったことない。忙しいからな。それに、たまの休みは家族でどっかへ行くか、休みたいからなー。お経？ お経なんか、知らん。読んだこともないし、意味もわからん。わかろうともせんけどね。あれは、和尚さんが読んでくれたらええんや。寺参りの時、足が痛いのがかなわんな。どこそで、イスでお参りさせてくれたら、楽やけどなー。

先祖のこと？ 先祖のことて、うちに先祖ないからな。誰も死んどらんし、坊さんが、うちに来たこともない。来んでもええ。何か、キチッとせんならんみたいやし、第一、ゲンが悪い。抹香臭い感じがしてな。宗旨（しゅうし）？ 宗旨て何ぞな？ さあ、寺はどこやったかいな？ どこか知らんな。誰か知っとるやろけど、拝んだことないからな。葬式出来たら、わかるんと違うやろか。人間、死ぬの一〇〇パーセントやて？ そう、いつかは死ぬやろけど、ワシはまだ死にやせん。死にとうもないしな。墓や寺のことは、全部カカ任せや。ワシとこ本家やさかいに、まあ、仏壇だけは置いたあるけど、そんだけのことやな。盆の間は仕事が休みやから、朝から酒飲んどるよ。こんな時でないと飲めんがな。しかし、暑つきってくんにゃー。

お墓では

お墓参りに行きますね。そして、途中で清らかな水を汲み、手には花とコハナと線香。出来ればこの時に、お数珠（じゅず）も自分の宗派に合った物を持って行きたいもの。お墓に着くと、まず掃除をします。雑草を取って、花筒の水も綺麗に替えました。綺麗に仕上がったお墓に、改めて水を掛けて、お線香に火を点けお供えします。どうして、水を掛けるのでしょうか。

苔を増やすためでもありません。ジメジメさすためでもないのです。本当は、ご先祖が持っていた欲望や煩悩（ぼんのう）の迷いの炎。死してもなお燃え盛る欲の火と、墓に水を掛ける私の中にも住んでいる欲の火も静めるために、水を掛けるのです。そのための清水なのです。決して、イタズラに水を掛けるものではありません。ですから、水を掛ける時には、「どうかこの冷たい水で、ご先祖の方々よ。死してなお燃え盛る炎を消して、浄土に行って下さい。そして、天上から私たちの家族をお守り下さい」と、願わなくてはいけないのです。

お墓の横や後ろに、木のお塔婆が建っていますね。お年忌のお弔（とむら）いをした時に、建てたのでしょう。これらのお塔婆は、お葬式が終わって四十九日目に、白木から漆塗りの位牌と替えるように、四十九日が経っていたら、抜いて処分しても良いのです。いつまでも建てているべきではありません。

何故なら、ご先祖が休まれている所は、暗く寂しい所よりも、たくさんの光があふれ、お参りしやすい所が一番良いのです。

皆さんだって、陰気な所には住みたくないでしょう。私たちが住んでいる場所と同じように考えれば、そのようにすれば良いのです。決して難しいことはありません。もっともっとスンナリ、水の流れるように、心からお参りしたいものです。

振り返って

時折、自分というものを考え直してみる時があります。幼い頃、黒と言ったら黒で、間違ったなと思っていても、意地を張り通して「黒だ」と言ったものです。意地っぱりで、そのくせ泣き虫でした。勉強は大嫌いで、ノートの余白に戦争時のゼロ戦や軍艦を描いては叱られたり、切手収集に精を出してみたり。通信簿にはいつも「落ち付きがない。移り気で、勉強に集中力がない」と書かれ、家に帰ってもまた小言。高校生からは、油絵を描いたり、他に五つのクラブを掛け持ちで、どれを見ても、恥ずかしきことの連続でした。

言葉の上でも何度、人を傷つけてきたのか。悪い業を積み重ねて、罪深いことだと思っています。思い返せば思い出すほど、顔の赤らむようなことばかりなのです。

イエ、告白をしようということではありません。信仰とか信心などというと、今の若い人たちにはピンとこないでしょうし、壮年の方たちにしても抹香臭い話で嫌だなどと思うでしょうが、しかしどの宗教を見ても、信仰のまず最初は、我が身を振り返ってみて、懺悔(さんげ)することから始まるのです。己の身の罪深さに、身も心も打ち震える時、私たちの目には見えないけれど、大きなみ仏のお慈悲にすがり、罪滅ぼしをしていかないと、いつとはなしに悪業を作って行くのではないでしょうか。

もし、今まで自分の生活の中で、間違いや反省することがないという人がいたら、それは増上慢(ぞうじょうまん)という、箸にも棒にも引っ掛からない者だと、お釈迦様は言われます。

慢心・驕(おご)りの心が一番の大敵です。人には出来るだけ親切であれ…。「己(おのれ)は少しでも謙虚で慎ましくあれ」ということでしょう。なかなか出来にくいことですが、出来にくいからこそ一生の勉強、罪滅ぼしと思って努め、努力しましょう。六根懺悔（ろっこんさんげ）・罪障消滅（ざいしょうしょうめつ）をお祈りします。

ことぶき

漢字の意味や成立について調べてみると、時々面白いことに出逢うことがあります。お正月の月でもありますので、おめでたい言葉の「寿（ことぶき）」の字を調べました。

すると、この意味は、田畑の畦道がウネウネとどこまでも続いて行く姿を表しているというのです。中国でこの字が作られた時、人々は人生の道というものを考えたのではないでしょうか。誰の人生の道も、すんなりと一本道で、脇道もないということはありません。この畦道のように曲がりくねっては、長く永く続いて行くものだということでしょうか。言い変えれば、人生は曲がったり、突き当たったりしながら続くもの。苦労も、遠回りも、近道もあるものだとも言えると思います。そして、この言葉が日本に入ってきて、「ことぶき」と言われました。「こと」とは魂という意味ですし、「ぶき」とはフキに通じ、盛んであるということ。つまり、命が活動している。さらには、そういう命が長く永く続けよかしとの願いがあるから、寿命と言うのでしょう。

飾り物の松は寿命と同じく「いつまでも枯れないため」であり、竹は腹の中は異物もなくスカッと割れ「節々を締める気性で、空に向かって向上する一直線」で生き方を表し、梅は寒気（苦労）の中で花を咲かせるし、口に実を含めば「長寿になる」との例え。

身体が黒くなるまで働いて「マメでありますように」と黒豆を、「子供に家督を譲れますように」と譲り葉を供え、数の子は「子孫が増えて、家が栄えるように」。「よろこぶことがあるように」と昆布を食べ、嬉しき時の中頃にこそキュッと一つ、気を締め直すので干瓢で巻く。

正月の我が家は、神様が居られる神聖な所ですと示すため、入口に注連縄を外との境に飾り付けて、一番上座の床の間には、新しい魂のシンボルの鏡餅をお供えするのです。

年々歳々、元旦でリフレッシュして生き方を修正するのが、この正月。だから、修正月というのです。

「お経の功徳」お経の力

男性と女性とを信仰とか信心の面で比べてみますと、圧倒的に女性の方が、仏教や信仰に近付く機会が多いようですし、お経が読めたり、写経を試みたり、そうした宗教行事に参加しておられます。一方、男性側はどうでしょうか。いざという時は一家の代表として弔問に出かけ、通夜や葬儀に列を並べますが、殆どはお経も読めず（読まずであるかも知れません）、少しこわばった顔付きで正座をし、ひたすら耐え忍ぶ時間を送る方が多いのではないでしょうか。

それと同時に思うことがあります。よくご法事やお通夜に「ただ座って我慢をしているのではなく、自分の口で、自分の声で、一度でも良いから、故人を偲んでお経を唱えましょう」と、お勤めの前に話をするのですが、なかなかそうしてくれないのが主として男性側に多いように感じます。

さて、そのお経のことですが、お釈迦様が私たちに最上の真理・正しい教えを示され、書かれたのが、今、私たちが目にして読んでいる教典・お経なのです。ですから、三蔵法師が漢文に訳されて以来、「一一文々是真仏　真仏説法　利衆生　衆生皆倶成仏道」。「一つ一つの文字は仏さまそのものであり、正しい法は皆を助け、皆ともに仏の道に成就することが出来るのだ」と説かれています。『日本霊異記』などには、お経の功徳によって成仏することが出来たとか、迷っている霊が、人々の読経のお供養で極楽に行けることが叶ったとか、随所にそのような話が出て来るのを見ると、お経の力というものに素直に感動を覚えて欲しいと思います。

また、故人も成仏を願っているのですから、残された私たちが出来ることと言えば、最良の供養はお経を読むことからでしょうね。「よう読まん」という前に、まず経本を手にして口に出さないと、故人にも自分にも聞こえてこないのです。こだまを聞こうと思えば、叫ばなくてはなりません。

戒名(壱)

私は、昭和三十八年の宗祖のお会式の日に、私の師匠である和歌山県田辺市本正寺の青木泰秀上人より、得度(とくど)と言って、出家儀式の時に、戒名を頂きました。「本理院日幹(ほんりいんにちかん)」これがそうです。お坊さんは出家すると、仏道修行に励まねばいけない。そのためには、戒律(規則と言っていいでしょう)を守るために、俗名(ぞくみょう)という普通の名を捨ててしまうのです(今は、その限りではありませんが…)。この日から、仏教の学問と修行に入るので、受戒の日と言います。花押(かおう)も頂きました。本理・真理は一つであり、二つも無いというので、「不」「二」「二」を組み合わせてあり、自分でも好きな花押なのです。

普通のお家では、誰かが亡くなるとお葬式を行います。その時、菩提寺(ぼだいじ)のお上人様にこの戒律を頂くのですが、普段は日々の生活に追われていたので、仏道修行もままならなかったのでしょう。ですから、死んで初めて法号・戒名を付けて貰うのです。「あの世で、しっかり仏教の修行を積んで、浄土に落ち着いて下さい。私たちも、あなたの後世のために、供養をして、地獄に落ちませんように、私たちは弁護のお経も読んであげましょう」ということなのです。

ですから、「少しずつだが、今日から人生や仏教について学習しよう。良い信仰生活に入ろう」という方や、「もう充分、行学の二道に励んでいるな」という人は、生前中に戒名を貰っている人も少なくありません。そして、頂いた戒名に恥じないような生き方をしています。また、その努力も強いられることになるのです。

言わば、それだけ自分の人生を省みて、残りの日々に心の平安を求め、み仏の教えを守り、人間完成を目指すものですから、この重さを充分に見極めないと、死者の名前とだけしかならないし、残された人々にも何の影響も与えないということになります。形式だけに終わってしまうと言うのなら、誰が悪い良い、責任があるなしと言うのでもない。「受け取る私たちの心の問題」と言って差し支えないでしょう。

青木健斉上人の花押

戒名(弐)

お寺の仕事をしていますと、どうしても戒名ということから離れることは出来ません。そして、それについていろんな話が耳に入って来ます。例えば、「戒名を付けて貰ったけども、戒名料をしっかり取られた。エライ高かった」という呟き？　愚痴？

前回でも書きましたが、仏門に入るか良い信仰生活をしていれば、和尚さんはその人となりを見ていますので、無理なことは言わないはずです。ところが、寺の法要や儀式にも参加せず、お説教を聞く訳でもなく、例え聞いても自分に都合の良いようにしか解釈しないというのでは困り者。心の準備も、日々の努力も、お寺の正しい教えを伝える手伝いもせずに、「戒名だけは良いのを付けてくれ。金を出すのは嫌だ」と言うのでは、オンブにダッコと言うものでしょう。

言い換えれば、お花や茶道、剣道を習うつもりもないのにその教室や道場に入門し、入った初日に「宗匠の免許を、師範の免状をくれ!」と言うのと全く同じことなのです。

何の努力もせず、欲しい立派な免状をと思うのなら、それに代わる物が必要なのは、当たり前なのではないでしょうか。ですから、戒名料という形に替えた布施行を行わなければいけなくなります。自己弁護をしているのではないのです。日頃からの積み重ねというものが、一番大事だからなのです。それを、訴え続けたいのです。

お金や財産、時間の余裕があるにも関わらず、社会や、他の人々に喜んで貰えることなど一つもしないのでは、人間としてさみしいことでしょう。一回や二回したからといって、それで良いのでもない。気が付いた時から息長く、善根を植え続けて行くこと。これが知らぬまに、いつとはなしに戒律を守り、仏さまのような心地になって行くと思うのです。

自分を高めて行こうとするのは、遅すぎることはありません。一瞬にして人間が変わることだってあるのですから…。でも、その一瞬を迎えるのにも、まず積み重ねですよね。

戒名(参)

お経や仏教関係の漢字を読むときは、今、私たちが読んでいる読み方と随分違います。

何故かと言うと、仏教が伝わった時、教典は中国の当時、呉や宋で使っていた読み方にならったのです。結集は「けつじゅう」と言います。聞は「モン」と発音します。この頃に、服の断ち方や新しい縫い方が呉から伝わったので、呉服と言うのです。ですから、戒名はお寺独特の読み方をするので、確かめておかないと、当用漢字風に読みますとヘンテコになる場合もありますのでご注意を。

さて、様々なお経の中には維摩経（ゆいまきょう）というのがあります。維摩居士（ゆいまこじ）といわれるお悟りを得た財産家と、舎利弗等との遣（や）り取りを載せた経典です。お釈迦様や多くの弟子たちの住まいや食事の布施をする力を持ち、なおかつ悟りを得られたので「居士」と付けられているのです。ということは、私たちが居士と付いている位牌に向かっている時は「故人もあの世で悟りを得られますように。そして、いつの日か私も悟れますように」と願い、日々にこの心を生かすようでなければなりません。

もっと広い解釈で言えば、人それぞれ自分で決めた戒律を保ち、人間向上を目指して行くなら、それは法華経の中に出てくる清信士（しょうしんじ）、清信女（しょうしんにょ）ではないかと思います。

お経には、「あなたが石や瓦を投げ付けられるような苦難に遭うことがあったとしても、清信士女をあなたの傍に使わして、あなたを守り、そして、心の底より導いてあげましょう。法を守る僧を供養すれば、必ず正しい教えを聞くことが出来るでしょう」と説かれています。

院号が付いているとかいないとかではなく、信士であれ、居士、大姉というものに余りこだわりなく自己完成を務めましょう。戒律について色々考えさせられます。

同じ価値感

私の尊敬する老僧と、車で同道することになりました。車中、面白いことを聞くことが出来、「なるほどな」と思い、「そうだな」と、深く思ったことがありました。それは、どういうことかと言いますと、「良い夫婦というか、良い家族というのは、両親が同じ価値感を持っていることだ」と言うのです。この品物は幾らで、あの壺は何百万円でなどという、普通一般に言われる価値感ではなく。行ないや、して頂いたことや、しなければならないこと。ひいては我が子に対しても、しつけや家庭内の多くのことに、父親と母親とが同じ視点で見れるということなのではないでしょうか。

例えば、子供が良いことをしたとしましょう。すると、両親が「良くやったネ」と心から誉めてあげたら、子供は嬉しくて仕方がないでしょうし、善の根がそのぶん深くなるに違いありません。また、悪いことをした時、同じ観点から両親のどちらかが叱ります。その時、二人で怒るのではなく、叱られたこと悪いことをした意味を、あとでゆっくりさとしてあげること。二人が同時に怒り、感情的になったなら、子供は慰めの言葉も貰えず、逃げ道はなくなります。

普段のつきあいの中にもこれは言えることでしょう。同じ価値感を持つというと、随分難しいことのようですが、一番基本になるのが「両親が良く話し合っているか。本当に子供やまわりの人々のことを考えているか。共に楽しもうとする心があるか」ということだと思います。

世の中が、個人主義・我が家だけが良ければ良い・わが子だけが大切なのだ・私だけが楽しければ良い、という風潮がどんどん進んでいる今だからこそ、その考えを止めないと、とんでもない社会になって行くのではないかなと、少し心配をしています。一番小さな社会である家庭。沢山話し合って、より良き家庭・夫婦の中から、良い子供たちが育ち、同じ価値感を持つ社会が出来て行くように思います。

唯我独尊

四月八日は花まつり。お釈迦様の誕生日です。インドも日本と同じように、母方の里へ帰って赤ちゃんを産む風習があったのです。帰る途中、ルンビニーの園で休むことにしました。マヤ夫人は木陰で、無憂樹の紅い花の一枝を取ろうとした時、右脇よりお釈迦様が生まれた、と伝説に説かれています。偉大な方の誕生は、普通ではないことを強調したかったのでしょうか。聖母マリアとキリストもそうですね。これより十ヶ月前、マヤ夫人は右脇に六本の牙を持った白い象が入って行く夢を見ているのです。「これは素晴らしい吉相の示しだ」と、仙人に言われました。

お釈迦様は生まれてすぐに、右手で天を指し、左手では地を示し、有名な言葉「天上天下唯我独尊」(あめつちの中には、我一人のみ尊し)と言い、その時、天上より甘露の雨が地を潤し、天龍八部四衆はこの誕生を喜んだと伝えられています。これが日本に伝えられて、お花で飾った花御堂を造り、誕生仏に甘茶をかけて、シーダールタ・ゴータマ(願いの成就した者)という名に因んで、私たちも仏さまの心になりますようにと願いを掛ける、春の一日なのです。

お釈迦様は「私一人だけが尊い」と言われましたが、「私という存在、この世に命を頂いたということ。あなたが人としてこの世に生まれて来たということは、比べようもない不思議な因縁を持っているのだ」。その例えのために「我あるは尊し」と説くのであるという意味なのです。もし、私たちが虫や犬や猫、動物に生まれていたらと考えてみたらどうでしょうか。人間として、この世に生まれて来たことの不思議に手を合わさずにはいられません。自分の命ばかりではない、まわりにいる人々、ご先祖、家族、兄弟姉妹、それぞれの方の命をも大切にして行かなくてはいけないということでしょう。二度とない人生なのです。一つしかない命なのです。仏さまの心になれる人間なのです。

日の丸弁当

ある会議の席上で聞いたお話ですので、ご存知の方があるかも知れませんが、ま、ご一読下さい。

あるお母さんは子供の教育について、もっと耐える、辛抱するということを教えたいと考えていました。そこで一つの妙案が浮かんだので実行に移すことにしたのです。それは週に一回学校に持って行く弁当を、今では全く身受けられない、梅干が真中に入った、そう、あの『日の丸弁当』にしたのです。美食に溺れず、食べるありがたさを解かって欲しいと思ったのでしょう。持たせました。

同じクラスの友人たちはその日が来ると、必ず、「お母さん、おかずをちょっと多目に入れてくれ」と言うので、「どうして？」と聞き返しました。すると「あいつは週一回、梅干し弁当を持たされてくるので『これでは腹が一杯にならん』と言うから、みんなが一つずつカンパしてやっているんだ」とのこと。そんなこととは露知らず、お母さんは週に一回のこの耐乏生活の食事を、父母会やクラスの懇談会の席上で、一席ぶったというのです。「皆さんもしてみたら如何でしょうか。子供は週一回とは言え、よく耐えて粗食を味わっています。これで食べ物についても、良く考えてくれることでしょう」と。ところが、同じ席上のお母さん方は呆れて物も言えなかったそうです。「クラス全員に、おかずのカンパを貰っている。我が家も、その日には少し多目におかずを入れているんですよ」と、流石にこのお母さんの得意気な顔を見ては言えなかったそうです。

一人よがりの躾や押し付けは何にもならないし、私の小さい頃は、今の若い者はと言っても（それは永遠の命題ですが）状況が違うし、価値感も倫理感も全く違ってきているのです。本気で話しあってればこんな笑い話みたいな、どこかで間の抜けたようなことにはならないと思いますが、いかがでしょうか。

あの時に

あの時、「ごめん」と一言が言えたら、こんなに回り道しなくても良かったのに…。あの時、「ありがとう」と声を出せば、こんなに苦しむこともなかったのに…。たった一言、ほんの少しの言葉がなかったばっかりに、いつまでも自分を苦しめ、悲しみ、涙を流しています。「ああ、あいつは言いにくかったんだな」と、許してあげましょう。「もう良いよ」と、慰めてあげましょう。言った方が良いのは、解かっているんです。でも、言えなかったのでしょうから、それを怒ると余計に回り道。それをなじると、どっちも嫌な思いになるものだから、こちらの方から「言葉の布施」をしてあげましょう。早く謝った方が、早く許してあげた方が、言えなかった人よりも、広い慈悲の心があるのだと解かって下さい。俯（うつむ）いていれば、いつまでも暗い道。仰向（あおむ）けば、どこまでも青い空。顔を上げて、歩き出しましょう。

あの時に、手を貸してあげたら良かったな…。そしたら、本当に喜んでくれたろうにな。あの時こうすれば、ここまで悪くなかったのになと、反省することしきりです。古歌に、「泣いてむろがむ（拝む）手のあらば、母のいませし、その折に、そっと優しく腰をもみませ。墓に布団は着せられません」とあります。また、日蓮聖人のお手紙の中に「冷たき妻の足を温むる夫あれども、冷たき母の足を温むる息子なし」ともあります。

身体の衰えて行く人々、心の衰え、潤いのなくしている方々に、ほんの少しの言葉で良い。温かい行動と言葉で接して行くしかないのです。それで、その人が、どれだけ潤うことか、喜んでくれることか。あの時に…と、何度も悔やむことを考えれば、今のうちに、出来るうちに、少しでもしてあげよう。苦しければ同じように苦しもう。楽しければ一緒に楽しもう。これが慈悲の心なのだと思います。

陰口は退化

自分でも時々思うことですが、いえ、時々じゃないですね。しょっちゅうと言っても良いほどなのです。つまり、人と話をしていますと、いつの間にかその場にいない人のことになって、あれやこれやと悪口・蔭口を叩いているのです。今の世の中のことであったり、今の若い夫婦は、「近頃の子供は、することは」…と、自分のことを棚に上げて、「自分は良いんだ。あいつが悪いんだ」とばかりに、大きな口をきいているんですね。

そこで考えることとですが、「こんな話があったよ。面白いなァ。自分の家でもしようかと思う。こんなこともしたいな。これは、本当に考えさせられるよ。これは、続けたいな。本当にやろうよ」という風に、良いことを話してないのですよ。人間というものは、本人がいない所でその人の悪口を言って酒を飲むのが一番美味い、と言いますが、そうなりがちだからこそ逆転しなければ、「たかが、それだけの人間なのか!」と言われてしまいます。事実、それだけの人間なので、どうしようもないのですが…。

そうしてみると、悪口や蔭口というものは、一つとして進歩していこうとするのに役に立たないんですね。むしろ、蹴落とそうとか引きずり下ろそう。「あいつは駄目だ。馬鹿じゃないか」という所で話が終わる。

胸にズッシーンと応え、「本当にそうだな。良い話だな」となる時は、知らず知らずのうちに、自分を省みて直して行こうと考えられるんじゃないのかなと思います。以前、コマーシャルで、イジワルなＯＬが豚で、実にいやらしい顔付きで寄り合って話をしているのがありましたが、人の欠点や進歩のない話をしている時というのは、多分、そんな顔を私たちもしているのじゃないかな、とドキッとしました。そして、そんな話の時はつい小さな声でしてしまうでしょ？　朗らかな声で、笑顔で、良い話、心温まる言葉を投げ掛けていたいものだと思い続けています。

提婆達多（デーヴァダッタ）

お釈迦様も随分、お年を取ってこられました。それにつれて、多くの弟子も増え、各国の王も信者となり、仏教教団の形になってきましたが、それを妬み、この教団を我が物としたいと考えた者がいました。その名を提婆達多（だいばだった＝デーヴァダッタ）と言います。そして、提婆達多はお釈迦様に「五つの行を守りなさい。これが守れないようなら、私にこの教団を譲りなさい」と言ったのです。

「〔1〕林の中に住む一生でありなさい。〔2〕富者や国王の供養や、招きを受けてはいけません。〔3〕肉食をせず、一日二食でいなさい。〔4〕糞雑衣（ふんぞうえ）以外、身に付けてはいけません。〔5〕屋根のある家に入らず、常に墓場に住居を持ちなさい」

と、まあこういったことを突き付けたのです。

これによく似た人、まわりにいませんか？　「私は、睡眠時間三時間で頑張っています」とか、「肉食は一切しませんし、人の三倍も働いています」とか、普通の人が出来そうにないことをこともなげに言う人ですが、こういう人は、自分が出来るのだから相手にも、と押し付ける性格の人で、決して許すという心がないのでしょう。こういう人は本当に怖いですね。

さて、この提婆達多は、何とかして教団を自分の物にしようと、お釈迦様を殺すことまで計画しましたが、全て不思議な力により、実行に移すことが出来ませんでした。お説法が終わり、帰られる姿を見て、大岩を落そうとしたりもしましたが、それでも駄目で。ついに自分の爪に毒を塗り込み、お釈迦様に傷付けようとしました。そして、飛び掛かろうとした時、突如、地面が裂けて、提婆達多は奈落の底に落ちたと書かれています。提婆達多は地獄に落ちましたが、その落ちる時、思わず「南無」(心より信じます=帰依(きえ))と一言叫んだのだそうです。そして「この一言のお蔭で、地獄にいつまでもいずに、天上に仏となることが出来たのだ」と伝説は伝えます。今際(いまわ)の際(きわ)に一言、それが本心だったのでしょう。

幸いあれ!

皆さんが、よくご存知のお経に『般若心経(はんにゃしんぎょう)』というのがあります。四国八十八ケ所巡りなどをされる信者の方などは、暗唱されていることでしょう。このお経の最後には、こう書かれています。「羯諦羯諦、波羅羯諦、波羅僧羯諦、菩提薩婆訶般若心経」。漢字には全く意味はなく、当時のサンスクリットの音を漢字に当てはめ、そのまま読むならわしになっています。「ぎゃあていぎゃあてい、はらぎゃあてい、はらそうぎゃあてい、ぼうじそわか」と、日本では読みます。本当は、「ガテーガテー、パーラガテー、パーラサンガテー、ボーディースバーハー」となります。口に出して読んでみて下さい。良い響きでしょう? そう思いませんか?

その昔、三蔵法師さまが印度へお経を取りに行く途中、ずっとこのお経を唱えて、ついには多大の経典を手にして、無事に帰ってこれたというのです。だから私たちも、恐い所や、淋しい道を歩く時には、お守りとして唱え、口ずさむことも良いと思います。

「人間完成を目指し、進み行く者よ。悟りの彼方の岸へ行こうとする者たちよ。幸いあれ‼」という意味。

そうなのです。仏さまに拝まれ、守られているのです。法華経の寿量品(じゅりょうほん)十六章の最後には、「毎自作是念(まいじさぜねん)、以何令衆生(いがりょうしゅじょう)、得入無上道(とくにゅうむじょうどう)、速成就仏身(そくじょうじゅぶっしん)」と書かれ、「私はいつもいつも、どうしたらみんなが出来るだけ早く仏身を持ってくれるだろうか。どうすれば悟りの世界に入ってくれるのだろうか。そればかり思い、考え、願っているのだ」と書かれています。

み仏は、いつも私たちの安全と安心を祈って、手を合わせ、守って下さっています。「早く、一刻でも早く、囚われのない世界に来なさい。怒りのない所へ、愚痴の心を離れなさい」と念じられているのです。仏さまからの呼び掛けに応え、近付かないでは、いつまで経っても迷いの世界にいるばかり。私たちも仏さまに手を合わせて、お祈りしましょう。

出逢いとは…

私の尊敬する老僧が居(お)られます。その方が「私の若かりし頃の、恥しい言動だが……」と言って、話してくれたことがあります。場所と時間は忘れましたが、それはこんな話なのです。

ある時、ある場所で、となりの部屋から男性方が数人で集まっているのが聞こえています。もちろん知っている方々だったので、聞くともなしに聞いていたのですが、話はいつの間にか、近在のお坊さん方への批判となっていったのです。

そして、ついには「あそこの坊主は……」とか、「こんなことを言われた……」「あんなことをしていた……」とか、愚痴ともつかず、中傷ともつかぬ内容であり、とどのつまりは「坊主のくせに、あのクソボウズは」という言動になってきたのです。

それをとなりの部屋で聞いていた、彼の若い日の老僧が聞くに及んで、堪忍袋の緒が切れたのか、襖を開けるなり言ったというのです。

「皆さん方は、聞いていたら、あそこのボウズはとか、ここのクソボウズはと、余所のお上人のことを貶したり、馬鹿にしているが、世の中には、もっと素晴らしいお坊さんが一杯居られる。それを知らず、逢わずして、そういう悪いと思われるお坊さんにしか出逢わないというのは、あなた方自身の不徳の致す所なのだ。その自分の徳のなさを棚に上げて、人を批判し、仮にも、お袈裟を着けているお坊さんの愚痴を並べるというより、むしろ、自分の徳の少なさを恥ずべきではありませんか！」。

襖を閉じて部屋に座ってから、「あ、、言わなきゃよかった」と心の中で思い、忸怩たる物を感じられたそうですが、良き人に出逢うということは難しいものです。

前にも書いたことと思いますが、自分に謙虚であり、良き人に出逢いたいと願い続ける気持ちが大切でしょう。その老僧が掲示板に、こう書かれていました。

「幸福とは、良き人に出逢うことである。不幸とは、良き人に出逢っても、気付かないことだ」と。

併せ持つ

先年、タイ経由でインドへ行った時、その両方の国もそうでしたので、ビルマや仏教国はそうなのでしょうね。トイレに入ると、まず紙がないのです。不思議じゃないんですね。水で濡らした手でお尻を綺麗にし、また手を洗ってそれでお終い。汚いと言えばそれまでですが、昔からそうしているんです。ですから、駅のトイレや公共の個室では、必ず左側に水道の蛇口がついています。決して右には来ていません。一つのカルチャー・ショック（文化や、生活習慣の差異）を受けました。

さて、ここでクイズを出しましょう。それでは、この仏教圏の国では「お金」は右・左、どちらの手で受けとるでしょうか？ 答えは、左手なのです。仏教の教えの中には、基本的に「お金」は不浄の物とされていますので、左手で受けとることになります。日本人からすればそんなことは、どちらでも良いのでしょうが、出来得る限り、左手で受け取ろうとします。私も右手で支払おうとしたら、変な顔をされたことがあります。それでは、右手はどうなんだ？ お経の本とか、教科書、大事な物や神聖な物に対してとか、扉を開ける時は必ず右手。

びっくりするくらいに上手に使い分けるのです。片手ずつばかり書きましたが、合掌とは中庸（ちゅうよう）、つまりどちらにも偏（かたよ）らないということではなく、両方を併せ持つということ。綺麗な物だけに触れるのでは、片手落ちになります。汚ない物ばかり見たり、行いをしているというのも、これまた、心も身体も偏屈になってしまうでしょう。人間でも同じで、清い物だけ追い求めるのは不自然なのです。例えば、苦労することがあるから、楽しさを倍に感じるし、汚れ、汗まみれになって働くから、清潔である良さが納得出来るのでしょう。両方を常に合わせ持っているからこそ、喜びにも笑え、悲しみにも涙流せる人。そんな人が素晴らしく、敬愛出来るのではないかと思います。合わせた両手の中に、温かい心がありますように…。

一本線

私に様々なことを教えてくれた老僧が、三重県熊野町の飛鳥町に居られます。尊敬する方々のお一人ですし、「生き方も良いなァ」と思っています。この老僧は、春と秋のお彼岸の一週間、そして、お盆の間中、決して、肉類や魚類を食べようと致しません。つまり、精進料理で、このお仏事の日々を送るのです。「せめてこの仏事の間は、自分に一本、線を引いておかないと仏さまに申し訳ない…」と言われ、ドキッとしたことを覚えております。それに引き替え、自分は何と野放図であることか。今なお、その一端さえも守れていない己(おのれ)は、恥ずかしいことだらけです。

その老僧の檀家さんに、大変、お酒の好きな老人が居られるそうです。その家でお勤めをする時、老僧は、お寺からのお下がりとして、一本一升瓶を提げて行くのです。「マ、一つ、飲んでくれ」ということでしょう。お渡しすると、「和尚さん、貰うてもエエカ?一杯やってもエエカイ?」と聞いて、湯飲み茶碗にナミナミと注ぎ、二口、三口と味わい、グッと飲み干して一息フーッ。そしたら、「もうエエ、片付けてくれ」と言うそうです。「ワシは、酒は大好きで、昔はクダを巻くくらい飲んだが、酒飲みは嫌いや。いつまでも飲むというのは、好かんようになった。酒は一杯で充分や」と言ったそうです。耳の痛いこと、何と手厳しいこと。酒は好きでも酒飲みは嫌い。大切なことでしょう。でも、聞いている私は辛いなあ……。

そのお寺の檀家さんや信者の方々とは、あまりお逢いしませんが、何となく、その老僧の生き方や考え方が、みんなに行き渡っているように思えるのです。何と言いますか、気持ちが良いのです。一本、どこかで線を引いておくということが大切なんでしょう。自分に対して考え直し、人には謙虚であれ。それが、他の人も、自分をも高めて行くということなのだと思うのですが、如何でしょうか。自分を直すのは自分しかないのですから。

二つの本心

五月中旬、初めて佐渡旅行をしました。どうにか天候も持ち、霊跡も充分にお参りし、水中翼船にも乗りました。この折にガイドさんから、本当に面白い話を聞きました。それは、あの新潟大地震の時のことです。ある神社で、おごそかにも結婚式が取り行われていました。式は次々と進み、夫婦かための盃、三三九度が交され終わった途端に、その『世にも稀な大地震』が起こったのです。その瞬間、夫になったばかりの新郎は、やにわにホヤホヤの新婦を抱き抱え、神社の中庭の芝生に飛び出して、難を逃れました。

二人は庭の中央で、歩くことも出来ず、揺れ動く中で、花嫁を守っていたと言います。その後、この夫婦は何とも睦まじく、三人の子供に恵まれ、今なお、ご主人の美談に、奥さんは絶対の信頼を置いているということです。

咄嗟に出た行動なのですが、そこに人の本心が出たということでしょうか。

あと一つの話は、同じ日のこと。ご近所も、自他共に認める仲の良いお嫁さんと姑さんが居りました。ご主人も協力して、良い雰囲気だったそうです。ところが、この大地震。柱も屋根も揺れに揺れだした時、思わず、この若いお嫁さんは、身の危険を感じたのでしょう。たった一人で表に飛び出してしまった。別に悪気があった訳でもないのですが、本当に思わず、そう、身体が動いてしまった。幸(さいわい)にして、家は傾きはしましたが、倒れる所までは行かなかった。その家から這い出してきた姑さんは、キッと若嫁を睨み付け、「あなたの本心が見えた」と言って、それから心のしこりが長い間、残ったということです。

人知に計り知れないようなことが身近に起こると、人というものは、その本人も気付かないような行動をするものなのでしょう。

そうしようと思っていても、イザとなったら一体どんな行動を人は取るのでしょうか。人は誰でも自分自身が一番可愛いのですが、両方の話を見て、大きな分かれ目を見ることが出来ます。サテ…私は…。

二度とない人生

時折、公民館などで法話を話させて貰っています。そして、題はいつも「二度とない人生だから」としているのです。これは四国に住んでおられる坂村真民さんという仏教詩人の同じ題の詩からお借りして、使わせて頂いています。法話の中でこの詩を読み上げ、私たちの、この人生と命について、考え直すべき素晴らしいテキストだと思っています。二〜三回これを改めて読み下し、私なりの評を加えたいと思います。誠におこがましいことですが、より深く理解して頂けたらと、詩を寸断することをお許し下さい。サテ、

坂村真民「自選詩集」より

二度とない人生だから

二度とない人生だから

一輪の花にも
無限の愛を
そそいでゆこう
一羽の鳥の声にも
無心の耳を
かたむけてゆこう

まず、自分の命の有り様を見直してみましょう。何気なく送っている日々ですが、今日という今日は、絶対帰ってこないものですし、この私という存在も、今生に唯一回の人生しか歩むことが出来ないのです。この命を、あとで悔むことがないように生かして行くこと、二度とない命なのだと、目をすえることから始めましょう。

仏教では「花・鳥・風・山」と言えば、それは仏さまであり、私たちの命を象徴的に表すものです。ですから、「一輪の花」とは、「あなたの一つの命・あなただけの命」ということになります。

また、その「声」に耳を傾けるということは、大いなるみ仏からの呼び掛けに、私たちは、全身全霊を以て、聞こうとしなければいけないということになります。

「何故、生きているのか？　どう、生きて行ったら良いのか？　自分ばかりの利を考えて、それで良いのか？」と、様々な自己への問い掛けをしつつ、み仏は何を私たちに呼び掛けているのでしょうか。

「お前には、することが沢山残っているじゃないか。もっと命を大切にしなさい。生きていることが救いなのだよ」と言われているのかも知れません。

試験管の涙

愛情というものは、例え、親子の愛情であっても、「ここです」「これです」と、物を取り出すようには行きません。しかし、存在を証明出来ないからと言って、愛情というものは、この世に存在しないという人は居ないでしょう。

イギリスの物理学者に、ファラデーという人が居ました。ある日、一人の老婦人が彼の研究室を訪ねました。その婦人は研究室に集まる学生のお母さんで、相談に来たのです。研究に夢中になった息子が、親の言うことを全く聞かなくなったというのです。ファラデーは婦人が帰ったあと、一人で考え込んでしまいました。

翌日、彼は研究室に集まった学生を前に話し始めました。彼は、透明の液体が少し入っている一本の試験管を取り上げると、「諸君は、この中に、何が入っていると思うか」と尋ねました。

もちろん、この液体が何であるかは、誰にも解かりません。

「昨日、ある学生のお母さんが、ある事情を涙ながらに訴えてきました。これは、その時お母さんが流した涙です」。怪訝（けげん）そうな顔をしている学生たちに、ファラデーは「科学を勉強することを一生の目的としている諸君は、この涙を分析すれば、水と、僅（わず）かな塩分であることは知っているだろう。しかし、お母さんの頬を流れた涙は、科学が分析した物だろうか。そうではなかろう。母親の涙には、水と、僅かな塩分の他に、科学では絶対に分析することの出来ない、尊い深い愛情が籠（こも）っているということを忘れてはならない」と、諭したのでした。

学生たちは、一言も発しませんでした。

ファラデーは、科学者を志す者は、勉強することばかりに気を取られて、人間として大切な物「愛情」を忘れてはならないと説いたのです。

日頃、親の言うことを「非科学的だ」と小馬鹿にしていた学生には、ファラデーの言葉が胸に応えました。それ以後、両親に対する態度を改めたということです。「愛情」は人間の心と心を結び付ける潤滑油です。これを人間界ばかりでなく、自然界の多くの物に注いで行くことを、仏さまは「慈悲」のこころだと言っておられます。

叱り方

鎌倉円覚寺の管長になられた釈宗演老師が、十六歳の小僧さんの頃、京都建仁寺の禅塾「群玉林」で学んでおられた時のことです。

ある夏の暑い日、師匠の俊崕和尚が外出されました。めったに外出しないお師匠さんが、長時間不在だというので、小僧たちは大喜びで、この時ばかりにそれぞれ密かに昼寝を始めました。宗演小僧さんも、和尚様の居間から、本堂に繋がる渡り廊下で横になった途端に、ひょっこりと和尚様が忘れ物でも思い出したのか、戻って来られたのですから、さあ大変。

宗演小僧さんは咄嗟のことで起き上がれず、止むなく狸寝入りを決め込みました。暫く小僧の寝姿を見ておられた師の俊崕さんは、大声で叱りもせずに、「ごめんなされや」と低い声で一言仰ると、手を合わせて、小僧さんの足の辺りを跨いで、部屋に入って行かれたのです。

薄目を開けて、様子を見ていた宗演小僧さんは、息の根が止まるほど、身にこたえました。

やがて成長して、世間から高僧と讃えられ、円覚寺の管長に就任されてからでも、「あの時は恥ずかしさと申し訳なさで、心の中まで真っ赤になった。『人の師たるべき者はどうあるべきか』を教えられた」と、よく周囲の人に語られたそうです。

叱ると言いますと、どうしてもきつい言葉になりがちですし、ついそうなってしまうのですが、古来の僧は「叱言こそ、温かい呼び掛けの愛語でなくてはならぬ」と言われたそうです。

大きい子供には中々言いにくいものですが、小さな子供には高姿勢になりがちです。

叱り言を言うのは何でもないようで、どうしてどうして相手の心に染み通り、あとになって思い出となるような叱り方は中々出来るものではありません。

叱らねばならぬ自分、至らぬ自分への悲しみに喘いで、初めて相手の心に染み通る、叱る言葉という名の愛語がたくまずして、ほとばしるのでしょう。

前生の続き

人間には、生まれ変わりがあると言う。お釈迦様にも、ジャータカという前生での物語りがあり、「私は過去に於いて、…であった時」と説かれています。今、私たちは生きています。苦しいことが沢山あり、繰り返し襲い掛かってくるのですが、言わば、それは過去世に於いて自分が犯した罪の現れである、と捉えることは出来ないでしょうか。

人に殺される者、傷付けられるもの、金に困るもの、病気がちの人、身近な者と争いの日々を繰り返す者。それらは考えようによっては、人を殺したのではなかったか、傷付けたのではないか、金を浪費し過ぎたのじゃないのか。そうした困りごとの種を蒔いていたからこそ今、生まれ変わることで、過去世に自分が犯してきた様々な罪の償いを解消し、その罪を充分に受けなければいけないと思う。

「過去に自分のしてきた行為」、これを業（ごう）という。この業を作ったのは自分であり、この種から生まれた稲穂を刈り取るのも、やはり自分でしかないのだと思う。

心のずっと奥底に業という物があり、それが悪業であれ善業であれ、私たちを動かしていると言える。だから、前生の善業を積んだ者は、今生（こんじょう）に於いて福徳を得て、悪業を犯した者は、償いをしなければならない。このことが本当に解かっていない者は、この生きている内にも罪を重ねるので、さらに次の生（しょう）の時も、苦しい生活が待っていることになる。

福徳の者は驕（おご）り高ぶらず、不徳の人は謙虚であれということでしょう。

自分は罪深き人間である、と解からなくてはいけない。過去の私の行為は多分、悪いことをしてきたであろう。だから、今生に於いて少しでも善業（回りの人々を生かし、喜ばせること）をして、罪の償いをし、み仏の限りない慈悲の手に救われたいと念じ、願い、思い、精いっぱい努力・精進して行かなくてはいけない。何故なら、今もみ仏の力によって促されるのだから。

これを解かるべきである。これを知るべきである。

北へ向かう

日本人は概ね、葬送の列を北へ向かわせる。飛鳥京で死んだ天皇・皇后・貴族の葬列は初め西に向かい、笛堂の集落に至って、笛を吹く楽人たちを行列に加え、柿本に至って、挽歌を唱する官延詩人たちを加え、そこから北に向かって、竹内峠の登り口にある当麻に至り、当麻一族による最後の葬列儀礼を終わり、竹内峠を北へ越えて、終焉の地である地、河内飛鳥に葬られたのであった。

この習わしは、病いを得て後、終焉の地を目指して、北へ北へと歩き続けられたお釈迦様の生涯に端を発すると、私は感じている。日本の古い町では概ね、北に山を背負い、南に開ける地形が選ばれた。北の山懐には、東西に点々と寺院が置かれ、寺院は全て南を向いていた。だから、お葬式の列は、寺院に行こうとすれば、自然に北に向いて行くことになる。

従って、日本人は葬送・鎮魂の行列は、北へ向かうものと、おのずから考えるようになってきたのではないか。寺も葬所も北に造られた。そこを三昧と言い、北邙と言われる所以である。

京の町を思い起こして欲しいのです。「清水の舞台から飛び降りたつもりで…」というのは、昔はあの高い所から死体を放り投げた死体の捨て場所であり、風葬・鳥葬と言われる、本当に淋しい所であったと言われる。それを焼く火は地獄の様相だったらしい。だから、清水の観音様は下を見ておられるし、昔、この地を飛火野、鳥辺野と呼んだと、樋口清之氏は書いている。そう言えば、長谷寺も高い舞台になっている。

北へ向かう行列が葬送と鎮魂の列であるとしたならば、南へ向かう列は復活と新生への列であるに決まっていることになる。

余談ではあるが、寺院は必ず昔の街道の脇か辻に建てられているのは、城の役目をも持たされていたからではなかろうか。街道を進んでくる敵を押さえるための要所であったと思う。

吾が娘よ

娘さんへ。若さにあふれ、肌にも黒髪にも艶があり、多くのことに好奇心あふれ、笑っている声や姿を見ていますと、その若さが羨ましく「娘さんらしいな」と思います。何を着ても良く似合うな。青春の真只中にある、あなたは彼氏も欲しいでしょうし、楽しい話や、そんな時間も持ちたいでしょう。そして、口うるさい親の元から離れて、「一人で暮らしたいな」と思っているんじゃないのかな。その方が自由で、誰にも束縛されず、バラ色の日々に見えるから。

でもネ、良く聞いて欲しい。やかましく思え、口うるさいと言うけれど、あなたが変な男に掴まらないように、ケガをしないように、娘さんらしく幸せであって欲しい。あなたの悔し涙や泣き顔は見たくないから、いつも幸せを願っているからこそ、若いうちに、口ベタだけど注意しているのです。あなたの不幸を祈る両親なんて一人もないのです。

「お父さんも、お母さんも、ひとっつも私のことを解かってくれん！」と言うけどね。あなたも、両親のことを解かってあげようと努力したかな。日々に成長して行く娘のあなたを見て、眩しく思い、段々と差が開いていく親はネ。どう言っていいのか、ジレンマに苦しんでいる時もある。嫁にも出したくない気持ちにもなるんだと思う。良き娘であり、妻となり、善き母親になって欲しいから、決して自分を安売りせず、いずれ夫となる人へのあなたの証(あかし)として、良い子供が授かるように、身体を大切にしてもらいたい。一時の恋心や、やけっぱち？　反抗心なんかで、せっかく親から貰った大事な五体を、傷付けることなく過ごして欲しい。

町中で、嫌な話をよく聞くことがある。親のエゴかも知れないが、やっぱりあなたの幸を願っているよ。そんなグループに入ってないだろうか、と心配しているよ。上手く言えないけど、お前は私の娘なんだから…。大事な大事な娘なんだから…。

あるお父さんの言葉を交ぜて、纏めました。娘さんへ…。

怨みを捨てて

お釈迦様が祇園精舎で、み教えを説いておられた頃、仏教が広まることを妬んだ一人のバラモンが、チンチャーという女をそそのかして、こう言いました。「何とかして、あの釈迦という奴の鼻をあかしてやりたい。お前は美人で度胸も良い。一つ、この手で釈迦の評判を落としてやろうじゃないか」と。

チンチャーはお腹の中に竹籠を入れ、子供が生まれそうな格好をしました。そして、お釈迦様の前に進み出て、回りに居た人々に言いました。「この男は、みんなに偉そうな話をしているが、本当はふしだらな男だよ。言うことと、することが全く違う。その証拠に、私のお腹を見てごらん。この男は、私をこんな姿にして捨てたのさ」。

これを聞いた人々は、びっくりしてお釈迦様を見ました。しかし、お釈迦様は、目をつむって座っているだけ。

「黙っているのが何よりの証拠だ。偽善者なんだよ」。チンチャーは勢いづいて言いました。ところがその時、竹籠を付けていた紐が切れて、縛っていた竹籠が転げ落ちたのです。

嘘がばれたのでサァ大変。怒った人々は彼女に唾を吐き、棒や石を投げ付け、散々痛めつけて彼女を追い出してしまいました。

お釈迦様は、棒で打ち、石を投げる人々の手を押さえたのです。悪いことをしたのですから、その報いを受けるのは当然なのですが、人々の怒りを鎮め、これを厳しく戒しめられたのです。

「怨みに報いるに、怨みを以てしてはならない。怨みには終わるということがないからだ。怨みを捨ててこそ、止む」と、人々に示されました。

教えを聞いて、清い、安らかな心になった人々も、嘘だと解かると怒りに心が奪われる、人間として弱い心があるのをお見通しだったのです。それだけにチンチャーにも、回りの信者たちにも、憐れみを思われたのです。

「怨みは怨みによって、止むことはない。怨みを捨ててこそ、止む」と。

み仏の教えの一つです。

水の如くに

夏近くなって暑い日々が続きますと、水が恋しくなります。川風の吹く所で、水の流れや音を、眺め聞いていますと、いつの間にか自分の心が静まっているのに気が付きます。

子供たちが水遊びに興じているのを見ながら、回りの緑の木樹は、本当に目のごちそうです。

さて、この水のことですが、溜まって動かなくなれば、水は腐ってしまいます。流れ続けるから、ゴミや汚れも浄化してしまうのですね。

昔から「人は水の如くあれ」と、よく言われます。とどまらず、自らを清く、見る者聞く者の心を洗わしむるのが、自然の生き方ということでしょうか。

また、「水は困難に出会うと、さらに力を増す」とも。

そうですね。水を止めますとどこかに出口を求め、遂にほとばしる濁流となるのは、川砂遊び、ドロ遊びでご承知のはず。難しく、嫌なことがあると、どうしても逃げ出したくなり避けるものですが、その困難を正面に見据えることも大事ではないでしょうか。

この反対が火ですね。燃え立つのは苦しみの表れ、怒りの代名詞。人生に於いても、信仰に於いても同じことが言えます。日蓮聖人の『上野殿御返事』には、「抑今の時法華経を信ずる人あり、或いは火の如く信ずる人もあり、或いは水の如く信ずる人もあり、聴聞する時は燃え立つ計り思えども、遠ざかりぬれば捨つる心あり、水の如くと申すはいつも退せず信ずるなり、此はいかなる時も常に退せず　問わせ給えば、水の如く信ぜさせたまえる歟、尊し尊し。」と、お手紙に残されています。

一時の興奮は、その時限りのようで、長続きしません。

むしろ、水のように、あまず、たゆまず、人は動いていなければいけない。学問も、人生も、信仰もそうだ、それが大事なのだと言うのです。

特に、男は動いていなくては腐ってしまうようです。

母の思い出

中学生の頃、今のようにはもちろんクーラーなどはなく、黒い扇風機しかなく、本当に暑い日夜でした。

少し涼しくなってから机に向かうのですが、縁側の白いクチナシの甘い香りが漂ってきます。

母はお風呂上りで、肩からタオルを掛け、ヒップ一メートル九センチにはお腰（腰巻き）はきつそうでした。「アツイ、アツイ」と汗を拭きながら、私の本を見て、「あァ、源氏物語か」と一言。「スゴイ！」と思いました。一寸(ちょっと)読んだだけでどうして解かるのか。考えてみれば、昔の方々は必須課目ですから当たり前なんですね。それにしてもと呆れ顔でいたら、その一節を口ずさみながら、そのままの姿で「一寸、弾こうか」といって、風のよく入る所に陣取りお琴を弾くのです。それも、『六段』。

この母親は厄介な人でしたが、また、凄いお母さんでした。茶道を教えてくれ、茶器の見方、お坊さん以前の心構え。礼儀作法などはいつもメートル差しで、「お尻が高い、手の位置が悪い、頭が高過ぎる。敷居を踏まないように」と、口喧(やかま)しいものでしたが、私は人一倍、そんな母親が好きでした。

母と二人で

手を休ませるということが全くなく、白衣(はくえ)に衣の繕(つくろ)い、ソックスの穴綴(と)じなどはしょっちゅうで、その手元を見ていると魔法のようで、糸を弾(はじ)く音が好きで、何度もして貰ったものです。

そして、折々に話を聞かせてもらい、今でも私の胸の中に、母は生き続けています。

「ケンサイ！　こんな暑い日にな、涼しい風がサーッと吹いてくるやろ。そしたら、みんな一遍に仏さんみたいな顔になるの。汗を拭いて『ああ、ええ風やなあー』

と空を見るんや。こんな風のこと、何て言うか知ってるか？」と。

「知らん、教えて！」。

「こんな風のことをな、極楽（ごくらく）の余り風って言うんやで」。

「なるほどなー」と思い、「上手いことを言うな」と感じ入りました。全くささいなことですが、忘れられないのです。夏が来ると、母が生きていませばと、なつかしくなります。クチナシの香りに乗せて…。

誓願

森が焼ける。火事が起こりました。トラやシシたちが、必死になって消火に務めますが、火はいよいよ燃え盛るばかりになりました。遂にトラやシシたちは火を消すことを断念して、安全な岩蔭に身を潜めて、燃え盛る火を見ているだけだったのです。

フと気がつくと、一羽の小鳥が傷付いた羽根の上に、遠くの沼の水上で羽ばたいて、付けた数滴の水を乗せてきて、燃え盛る森や樹々の上に、その水滴を落としては、何度も何度も繰り返していました。その小鳥は、健気（けなげ）にも消火に努めているのです。トラやシシたちは呆れて、小鳥に言いました。

「止（や）めよ、止めよ。俺たちでも出来ないのに、小鳥のお前が、どんなに努力したって、森の大火は消せるもんじゃないから…」と。すると、小鳥は羽ばたきも止めずに「ありがとう。私も、自分の力のほどは知ってます。けれど、今まで住んでいた森が焼けるのを、私は、じっと見ていることは出来ないのです。出来る、出来ないじゃなく、私は、水を注がずにはおれないのです」。

お釈迦様は、この比喩（ひゆ）（喩（たと）え話）を語り終えて、お弟子たちに問われました。

「御身(おんみ)らはどう考えるか。自分の力の程を知って、不可能のことから手を引くこの巨獣らを賢いと思い、身の程を知らぬ、彼(か)の小鳥を愚かとするであろう。そうではないのだ。自分のすべきことならば、自分の力では出来ないと解かっていても、それをやらずにおれないのが誓願(せいがん)である。彼の小鳥は、自分と仏と両方の誓願のままに行動するから、小鳥の方を正しい生き方とするのだ」と。

お釈迦様の言を現代的に表現しますと、「人間としてすべきことなら、例えそれが不可能なことであっても、不可能と割り切らずにして行くことが誓願である」ということになるでしょう。他の人々の幸せを念じて修行をすること、これが誓願ということです。

胎教以前

ある婦人会の座談会で一人の若奥さんが、次のような感想と意見を発表されて、参加者の多くに感激を与えました。

数日前の夕方買い物に出たら、五歳か六歳の子供が三輪車に乗って元気良く、私の傍を走り抜けて行きました。その時、チャリンと音がしたので拾ってみると、どうもあの三輪車の部品らしいので、大きな声で子供を呼び止めました。

「これ、ボクのじゃないの?」と、その金具を渡しますと、「あ、そうです。ボクのです」と、とても嬉しそうにピョコンとお辞儀をして、「すみません、ありがとうおばちゃん」と、片手でハンドルを持ち、片手を高く振りながら、また、勇ましくペダルを踏んで三輪車を走らせて行ったのです。

「すみません、ありがとうおばちゃん」の可愛い声が私の胸に残りました。何というしつけの良い子供でしょう。私は、あと数ヶ月で母になる身体です。お腹の中の赤ちゃんに私は言いました。「あなたも世の中に出たら、今日の子供のように『すみません、ありがとう』を、はっきりと言える子供になって欲しいな」と。

それには、私自身が佇(たたず)まいを、今日から正しくしなければいけないと、自分にも言い聞かせたのです…。

会場からは、拍手の音が湧き上がりました。「子供のしつけは、その子が、この世に生まれ出た日から始めたのでは遅すぎる。その子が宿った日から…、それでも遅い。その子の生命の宿る前からしつけを始めて、丁度、間に合う――」と、何かの書物で教えられました。胎教以前のしつけとなると、結婚前から男女の佇まいが問われている訳です。

やがて結婚して、子供を持つであろう。子供が可愛いのなら、男女いずれも青春時代から、自分自身を正しく調えるが良い――ということになりますね。誕生前の母子の語り合いは、最小限度の教育でしょう。

言葉のかけ合い

自分の家では「ありがとう」が言えても、外へ出ると恥ずかしがってか、よく言えない子どもや中学生が居ますね。それは、宮下正美先生によりますと、「社会的しつけが欠けているからだ」と言います。この点について、宮下先生から…。

さまざまの家庭を訪ねてみて、「明るい家庭だな」「子供たちも、のびのびと育っていて、楽しそうだな」と感じられる家庭に共通していることは、家庭がお互いに自然な状態で、言葉のかけ合いが多いことである。おしゃべり家庭というのではない。日常の挨拶の言葉が、くったくなく出しあえる家庭だということだ。

「おはよう」「おやすみ」「どうぞ」「ありがとう」「ごめんなさい」「いただきます」「ごちそうさま」「いってらっしゃい」「おかえりなさい」。こういった種類の言葉なのだ。

ひどく簡単で、言いやすい言葉のはずなのに、母親たちの集まりなどで調べてみると、意外なほど、口に出されていないことがよくわかる。

「こんな表面的なことは、どっちだっていいではないか」と言われそうだが、どうしてどうして、これが実に大切な家庭生活の要となるものだ。心が言葉となって、家族たち・みんなの親しく和やかになる元になってくれるからだ。子供が幼い頃から、互いに習慣となるまで、言葉の結び付きに努力して欲しいものだ。しつけの厳選として、さっき上げた「挨拶の言葉」が、澱（よど）みなく、お互いの口から出せるように努力してみたらどうであろう。こんな簡単なことが、家庭のしつけの出発点なのだ。しつけを難しく考えてはいけない、というお話をお聞きしました。

人から声を掛けられて、黙っているようでは、明るい人間関係が成りたつ訳はありませんから…。

寒行雑感

近くの保育園を通ります。フェンスの向うから、クリクリ頭の男の子が、スモックを着たまま手にシャベルを持って叫びます。「アッ、おしょうさんや！　おしょうさん、寒むなったら、またお金やるさかいに、お菓子ちょうだいなー」と。この子は、寒修行に太鼓を打って歩く私の首から下げた頭陀袋に、お賽銭をいつも入れてくれるのです。

そのお返しと言ってはおかしいのですが、私は懐（ふところ）から「風邪の薬」と称して、アメ玉を一コをあげます。

寒行(撮影 宇利和也氏)

ですから、家の前に私が着きますと、ズーッと私の懐ばかり見つめています。

こうした子供が年々歳々増えていっているのですから、いつも私の寒修行の時の懐は、アメ玉で一杯なのです。

子供たちは大人になっても、冬になったら、寒に入ったら、「太鼓を叩いて和尚さん、回って来たなあ」と、思い出してくれるでしょうかネ。

そう言えば二年ほど前に、駅前からスーパーの裏の方へ回っています時、伜たちが知らない子供らに、ゴムのパチンコで打たれたと言ってきました。心ない子供も居るもんだなと思ったのです。

と言うのも、丁度、大寒から最終日の頃が、一番寒さが堪えます。夕食も食べずに歩きっ放し、お題目を唱えっ放し、太鼓を打ちっ放しの、夕方から夜への行。いつでしたか、寒風吹きすさぶ日でした。フッと振り返ると、子供たち二人が黒い衣の袖を指先まで延ばして、白い息を自分の手に吹きかけているではありませんか。冷たく、凍えた手で太鼓を打つのは辛いでしょうね。思わず傍へ行って抱きしめてやりたくなったのですが、何かしら、胸一杯に広がる物があり、声も上擦って「早く随いて来いよ」と言い、促したのです。

この二人の伜たちも、心のどこかに、この寒修行が生き残ってくれたらいいなと思うのです。

辛いでしょうが、「頑張ってくれよ!」と願うのみです。南無…。

物と者

先日の新聞の投書欄を読んでいましたら、とても気になる記事が載っておりました。でも、それが今の一般的風潮であろうかとも思いながら、やはり、考え直さなくてはいけないことだなと思ったのです。

それは、あるご婦人が古着のリサイクル運動（再利用）をしており、ご近所や友人の方々から頂いた、まだ充分に着れる物を、お互いに利用し合っているのです。特に幼児の物は、日々に成長していくので、新しい物がすぐに古着として捨てられるのが勿体なく、みんなで活用していました。

ある日、ご近所の方でしょうか。一人のお母さんに、「一緒に活用しませんか？」と問い掛けました。すると、「人の恵みを受けなくても、私の家は充分にやって行けます。自分の家のことは自分でします」と、つっぱねられたそうです。お恵みなどという気持は更々なかったのに、落胆ぶりは、記事を読んでいても余りある物でした。

世の中が豊かになって、欲しい物はお金さえ出せば幾らでも買えます。けれども、その前に「物（者）を大切に、充分使い切る。勿体ない」という心までは買うことは出来ないでしょう。ましてや、日々に成長していく子供にとって、ブランド商品やぴったり身に付いた物は必要ないように思われるのです。恵んで貰わなくても…という心は、実は、自分さえ良ければ良いという、餓鬼（がき）の心と全く一緒なのですね。

「『物』と『者』を大切に」と書きましたのは、多くの人の手によって作られた物を、充分に生かすことであり、自分の心も、他人の心も、言葉も行いも大切にしなければ、自分も大切にしてくれないでしょう。使い切る、生き切る、充分生かす。このことを、そのお母さんは全く気がついていないのでしょう。
残念なことです。

落語　二題

禅宗門では「無言の行」という、厳しい修行があるそうです。おしゃべりな現代人にとって考えてみれば、一言も言わずに居るというのは、至難のことでしょう。絶えず、どこからか、音が聞こえてきますしネ。

その禅宗のお坊さん三人が、これに挑みました。

静かに坐禅しておりますと、どこからか大きなハチが一匹入ってきて、一番端のお坊さんの頭をチクッと一撃！　思わず、そのお坊さん「イタイ！」と叫んだ。そのとなりのお坊さんが、「例えハチに刺されても、一言も言ってはいかんじゃないか！」と、嗜めました。

それを見ていた最後のお坊さんが、「一言も言わんのは、ワシ一人じゃ」と。

結局、みんなしゃべってしまった。マ、本当はこんなことないでしょうがネ。

日蓮宗のお坊さん。昔は、『法華宗』と言いました。この方が、ある後家さん（未亡人）と随分親しくなりました。

ある日のこと。忍んで二人で逢瀬を楽しみ、朝を迎えたのです。罪の意識もあったのでしょうか。朝暗い中、鳴き始めた「コケコッコー」のニワトリの声が、「法華ボーズ！」と耳に聞こえたのです。これを聞いたお坊さん、「ニワトリでさえ、私の悪事を知っている、これはイカン」と、飛んで逃げてしまったのです。

怒ったのは後家さん。「忌ま忌ましい、あのニワトリの奴。鳴かねばもっと傍に居てくれたのに！」と、近くにあった棒切れを持って、そのニワトリを叩いて追い回し始めました。ニワトリは走りながら、鳴き叫んだのです。

「ゴケー！コワコワ。ゴケーコワコワ！」

いつの時代でも、権威ある者とかどうにも仰々(ぎょうぎょう)しい者は、茶化される時が多いようです。厳粛(げんしゅく)な所作(しょさ)、行動をしている姿を見ると、これを崩したくなるものなのでしょうかネ。お坊さんの着る物を、衣。その上に、袈裟(けさ)を着ます。その姿が、勿体付けたようなので、『大袈裟』。「おおげさな」と言うのですが、どこかに関わりあるようです。

しかも今

あなたには、誕生日が何日ありますか？　何月何日と、何月何日などと、二回も三回もあるはずはありませんね。

同じように、亡くなった方のご命日も同じこと。一日しかないということが、お解かりだと思います。この考え方を少し進めてみますと、私たちが何気なく過ごしている日々、これらも二度とは返ってこないことに気付くでしょう。

人生、近頃はどの方も長生きをされるようで、世界一の長寿国日本と言われるようになりました。そこで例として、六十年生きたとしましょう。

一日八時間寝るとして、その三分の一は、何も活動していないので減らします。四十年になりました。残りのうち、食事、トイレ、遊び、学習（学校）、趣味、赤ちゃんの時、病気などを入れると、二十年ぐらいの間はなくなってしまうと言います。

そうすると、残るは二十年。この間もよくよく考えてみますと、自分（自己）を考え、人生を考え、心静かに落ち付ける時間というのは、一体どれだけあるのだろうかと考えてみました。

お釈迦様の前生での話が載ったジャータカには、『四ヵ月と六日』と出ておりました。自己を探求する時間は、わずかこれだけと言うのです。

「そんな馬鹿な！」と、一笑に附されるかも知れませんが、そうかも知れないと考えてみる方が、一歩進めるようです。

何故なら、これだけしかないのなら、一瞬一時の人との出逢い、言葉による心からの頷きと驚きで、以前の自分とは全く違う生き方が出来るのですから。

道元禅師は、正法眼蔵という本の中でよく『而今』という言葉を使いました。

この意味は様々に考えられますが、『而も、今』ということです。しかも今、私は生きている。しかも今、楽しみ苦しみ、笑え、泣ける。この今、今こそが大事な時なのだということになります。いつ自分が変わるか、全く解からないのだから、それが解かるように、いつでも今を準備しておかなくては、何としても「もったいない」と思うのです。

どこかが

●お米を研ぐのに、洗剤を入れて泡立たせた、アルバイトの女子大生。

●せっかく良い漆の味噌汁椀を買ったのに、クレンザーとタワシで磨いて、使い物にならなくした若奥さん。

●これも漆椀のことだけど、上等の味噌汁椀を、プラスチックと思い込んでいた娘さん。

●靴下をたった三足分洗うのに、家の洗濯機にたくさん洗剤を入れたら綺麗になるだろうと、箱に入っていた半分の洗剤を入れた学生。

●新入社員のＯＬが、自分の上司である課長さんに呼び掛けた。「オジサン！」。

●ある寺の話。檀家の倅とは一度も口を聞いたことはなかった。夕方、町角で出会ったとたんに「ボーズ」と一言。親しみを込めたつもりなのか。

●本堂の前にやってきた若い二人。墓参りが終わってご本尊に向かい、シャンシャンと柏手(かしわで)を打って頭を下げた。ここは神社じゃないよ、お寺だよ。

●会議から帰ってきたら、ある人が「相談したい」と来たらしい。「九時に帰ってくる」と伝えたら、「九時半にまた出直してくる」と言って帰ったようだ。でも、十時半になっても来なかったし、電話一つも入ってないし、それ以後も来ていない。

●奈良の長谷寺で、静かな佇(たたず)まいを楽しんでいた。私の頭は夕べ、剃刀(かみそり)で剃ったばかりのツルツル。服は作務衣(さむえ)という仕事着で、肩から頭陀袋(ずだぶくろ)を提げている。そこへ観光とおぼしき娘五人組。暫(しばら)く話していたが、耳に入ってきた一言。「あの人、お坊さんかしら？」。それじゃ一体、私は何なんだ？

●私の刻字展でのこと。気に入ってくれた人が居た。「差し上げます」と言った途端、そばに居た全く知らない人が、「アッ、これくれるんですか？　じゃ私、これとこれを貰っていこう」と、こちらは何も言わないのに持って行ってしまった。

一体これはどうしたことだろう。無知？　無礼？　無神経？　何にも知らないで、こうして世の中渡って行くのかナ？　どこか間違っている。誰かが直さないとイケナイ気がするのだが…。余計な一言でした。失礼！

注意二十八

良寛さんは、とても嫌いなことがありました。それを、ある本に二十八も書いてあります。それは、人と話す時に気を付けねばいけないと思う事柄ばかりなので、私も恥じ入ることの連続です。

いましめの言葉二十八

「ことばの多き」あまり無駄口をしゃべるな。

「とはずがたり」人が何も言わないのに、勝手に自分からしゃべったりするな。

「手柄話」これも、いけないというのです。

「人の物言い切らぬうちに、物を言う」

「よく心得ぬことを、人に教える」段々と耳が痛くなってきました。余り知りもしないことを人に教えるな、間違いの元だというのでしょうね。

「物言ひの、きわどき」というのは、誇張した物の言い方をするなということ。

「話の長き」良寛さんは、間の切れぬように言う奴は嫌いだというのですね。ずらずらと、のべつまくなしにしゃべる人がいますが、そういうのは聞き辛いということなのかな？

「自慢話」

「物言ひのはてしなき」

「へらず口」

「たやすく約そくする」

これは本当に、耳が痛いですね。「成算もないのに、何でもすぐ引き受けたりするのではない！」ということですね。

「人の話の邪魔をする」

「ことわりの、すぎたる」

何遍も何遍も、「すみません、すみません」とやるな。

「親切らしく物いう」

「悪しきと知りながら、言い通す」

「人の隠すことを、あからさまに言う」

「顔を見つめて、物言う」

私はよく人の顔をじっと見つめて物を言うから、良寛さんに叱られるかも知れません。しかし、これはよく女の人にあることで、私がこう言ったらどんな顔をするだろうという顔をして、人の顔色を見つめ反応を見るやり方なのです。そんなことはするな、浅ましいとでも言うのでしょう。

「推し量りのことを、真事なくて言う」

「子供の、小癪（こしゃく）なる」

あたかも見てきたように言ったり、子供のくせにこまっしゃくれ、子供らしくないのは、良寛さんは大嫌いだったのでしょう。

注意二十八（続）

「いきもつきあはさず、物いふ」、息急き切って物を言う人がいますね。早く言わないと、損をするような顔をして言うのです。そんな物の言い方は、本当に聞いてくれないものですし、第一に慌ただしい。

「好んで、唐言葉使う」、これは今風に言うと、英語やフランス語、ドイツ語をよく使う人の事でしょう。本当に良く意味が解かって使っているのでしょうか。日本語の方が、素晴らしい表現力があると思う時が多いですね。

「寝入りたる人を、慌ただしく起こす」、

「老人のくどき」、お年寄りは物の言い方がくどくなりがちですし、今言った事を又繰り返しますね。でも、反対に若い人たちは、それを初めて聞いたように何回でも「ハイ、ハイ」と聞いてあげなければいけないと、ある人から聞きましたが難しいものです。

「品にあはぬ話」、自分の品性に合いそうもないことを言ってはいけない、というのでしょうかね。

「田舎者の江戸言葉」、

「くれて後、人にその事を語る」、

あれをあげたけど、どうなさいましたか？　という事か。「あげてしまったら、その人の物で、放っておけ」という事でしょう。私も気を付けなアカンですね。

「人に物くれぬ先に、何々やろうといふ」、

やるよ、持って行くよというのですが、空手形。

「鼻であしらう」

以上で二十八条なのですが、どれ一つをとっても、嫌になるくらいに自分の行いが恥じ入ります。良寛上人というお人は、常に眼の細かい、鋭い人だったのでしょう。それでいて、手鞠をついて子供と遊んでいたのですから、怖い人です。怖い人でしょうけど、実に懐かしい、素晴らしいお坊さんだったのですね。

少しでも、見習わなくっちゃいけないな。

ほっと一息

「祭のあとの淋しさ」という言葉を知ったのは、丁度、二十歳を過ぎた頃。そんなバカなことがあるか、祭の余韻を楽しんで、それなりに楽しい物だと思っていたが、夏の暑い光と風がそろそろ終わり、ほんの少し涼しく感じられると、「アア、こういうのも祭のあとの淋しさと言ってもいいな」と、虫の音に誘われて心の中に落ち着いた。

あれほど汗を流して草刈りをして、大勢の人と話をし、たくさんの押し寄せてくる行事を、それこそ一つひとつ終えて行き、ホッと気が付いてみたらもう秋風が吹いている。「忙しい、暇がない」などと言っていたのが嘘のようだ。

もし、振り替える季節という物があるとするなら、この『秋』がそうなのかも知れない。

暑さと汗は人の心を惑わし、自分の事しか考えられないけれど、ほんの少し、ほんのちょっぴり涼しい風が吹くだけで、人は自分の自分に立ち返り、時の過ぎ行く早さに、改めて驚きを思うのではないでしょうか。『秋』は言わば、落ち着きを取り戻してくれる一服のお茶のような物だ。心の正しい方位がわからなくなってしまったのを反省し、天地の定まる中秋の日に『お彼岸』と称して、日の沈む真西に向かい、己を見つめ直したのだろうな。

落ち着くから一つずつの味が良くわかる。静かになれてから、虫の音が耳に心地良く、本を読もうかと心のゆとりが醸し出される。夏がなかったら、また、こうも行かないのだろうな。

四季それぞれにしなくてはいけない行事、それも手間暇かけなければ成り立たない事ばかりだが、毎年同じ事を繰り返す事が出来るというのは、ありがたいこと。

年に何回かの静かに振り返る事の出来る時を、テレビや音でかき乱さずに、それこそ心静かに自分を見つめ直してみようと思う。多分、恥ずかしい事ばかりだろうけれど、今日と明日のために、きっと役に立つだろう。

だって、自分を変えるのは他の人ではなく、自分なのだから…。

引っかからない

仏教の修行などと書くと、随分とシチ面倒臭いように思われますが、マ、人間完成とか自己の探求と思って下されば良いかと思います。

仏教では、必ず最初に「『布施』という行いをせよ」と説かれています。『お布施』と言えば、お寺へ差し出す物と今は相場が決まっているようですが、人を心から喜ばせる『行い』全てが『布施』であると考えていいでしょう。

しかし、布施をしようと思っても、相手が受けてくれなければ、これは布施にはならない。ましてや「恵んでやろう」などという慢心があると、もう汚れた物になってしまうので、よほど気を付けなくてはなりません。

受け取る方は、授かるお徳があるのですし、差し出す方も、布施行というお功徳（くどく）を積む事になるのですから、両方にとっても喜ばしい事であり、これに「してやった」「された」という引っかかりが心にあると、浄（きよ）らかな物でなくなるのです。

お寺で、ご法事の時に、お説教の真似事のような事をしておりますが、これを『法施（ほうせ）』と言い、お包みをお寺に出す、これを『財施（ざいせ）』と言う。

間違っても「中を改めて下さい」などと言ってはいけないと思います。何故なら、「これだけ沢山、包んだんだからネ」という引っ掛かりがあるから、そういう科白（セリフ）が出てくるのでしょうから、これは駄目。

どこにも囚（とら）われず、すんなり出来るのが一番良いようです。

いつかも書きましたように、言葉、眼差し、顔付き、心と身体、住居と、座る所それぞれの親切が布施ですから、いつでも、誰にでも、どこでも出来るという事。

そういう行いがすんなり出来ていったら、いつとは知らぬまに自分の眼や顔や行いが、他の人とはちょっと違った物になっている事に気付く事でしょう。

努力しないでは、何も出来ないと思うのです。努力する事も、殊更（ことさら）に…というのではなく、ただ…ただの心で行きましょう。

色んな人

出来うることならば、嫌なことは書きたくないし思い出したくもないのですが、どういう訳か、そうした気になる人がやって来るのです。

ある日の夕方、私は留守をしていましたら初老の方が来て、「長島町へ帰るつもりだが、パチンコをして金がなくなったので貸してくれ。代わりにこの腕時計を担保としておくから」と言ったそうです。

「私（妻）は、解かりませんので…」と、お引き取り願ったそうですが、その次のセリフは「この近くには、天理さんかお寺はないのか?」とのこと。どこかへ行ってせびるつもりだったのでしょう。

点字をしているということを聞き付けたある浦の方が、電話で「話をしたい」と言ってきた。ちょっとおかしいなと思ったのです。

案の定、私の留守の時に来て、「カセットを貸せ。私の歌を聞いてくれ。どう思うか」と。一体何のために来たのか意味も解からず、これもお引きとり願った。暫くしてからまた電話がかかり、「今、私の歌を、ここで歌うから…」と。「聞きたくない」と言ってガチャリと受話機を置いて、嫌なしこりが続きました。

お盆の準備で忙しい時、ある人がやって来て、私と一回も目を合わせることなく、勝手に「盆礼」と書いてある袋を置いて、出て行くのです。

一言ぐらいあってもいいのにと思って、フッと気が付くと、お供え用のお線香を渡すのを忘れていました。あの人は一言を、私もお線香を忘れたのです。仏縁がないのかなァと思った次第。

気になると、どんどん気になることが連なりますね。ちょうど交差点の角で、自転車を持って立ち話をしているオバサンたち。クラクションを鳴らされるまで気が付かないのです。狭い道なら余計に広く使わなければいけないのに。車と接触したら青スジを立てて怒るのでしょう、こういう人は。

そう言えば、こちらから挨拶しなければ、絶対自分からはしない人がいますね。

いずれにしても、他に気遣う、大切にする心がない人だな。そんな鈍感な人になりたくないと思うのです。

疑則花不開

今年の八月末、以前から私はお目に懸かりたい人であり、聞きたいお声の方、高田好胤師の記念公演が、隣り町の海山町（現・三重県紀北町）で行われました。

一早く会場に送ってもらい、待つことしばし。殆ど人がいないロビーに、侍者を従えて好胤師は入ってこられました。合掌してお迎えしましたが、すぐ控え室へ。続々と人が集まりお話が始まりました。少なからずお話をさせて頂く身として、少しでも良い話は吸収したいとメモを取りました。お話が終って、ほんの少しですが、会話をすることが出来たのです。もしやと思って持って行きました色紙を出し、「一筆を…」と言いましたら、色紙右に大きく「華」と一字。そして、その左に五文字書き添えてくれました。「疑則花不開」。書かれながら、読んでくれました。「うたがえば、すなわち、花ひらかず、なんだねェ」と一言。

そうなんですね。書かれた文字を見て頷きました。

疑いをかけて疑い続けて行けば、何一つとしてことが成りたって行くことはありません。それにも増して思うのが「華」の一字です。私は今年こういうことをしようと思い、それなりに出来た思いがします。これが一つの華とすれば、今日のうちに咲く花もあることでしょう。疑いからは花は咲かず。逆の言い方をすれば、「信じて行えば、花が咲く」ということでしょう。

以前にも書きましたが、四国に住む詩人・坂村真民さんが「念ずれば、花開く」と言ったのは、「疑えば、花開かず」と同じ言葉なのですね。

木々も冬に向って、要らなくなった葉を紅葉に、茶色に染めて散らして裸木になります。私たちも持っている恨みや憎しみ、辛いことや悲しかったことを振り捨てて、次の花を咲かせるように準備をしたいものだと思います。

今日はどんな花が、あなたに咲いたでしょうか。そして、来年はどんな花を咲かせるのでしょうか。一つ一つ信じて、自分の花を咲かせたいと思っています。今年はこれにてお休みを頂きます。ありがとうございました。

合掌健斉

人間創り

人間というのは言葉をしゃべることが出来ます。今日では、サボテンも意志を表現することが出来、イルカも言葉を持っているとも言われます。でも、私たちは心で思っていることを自由に表現するすることも出来、それを話すことが出来るのです。

それは、とても大切なことで良いのですが、今日は言ってはいけないコトバについてなのです。

その一つ。子供というのは、自分に解からないことがあると、すぐに一番近くの人に聞くことがよくあります。つまり、そばにいるお母さんに沢山質問を投げかけてしまうのです。「お母さん、どうしてアリさんは行列するの？」「どうして、○○は○○？」と。

でも、お母さんの多くの答えはどうでしょうか。「今忙しいからあとでね！」。この一言が殆どではないでしょうか。忙しいのは充分解かるのですが、子供は答えが一番欲しいのは、解からない「今」なのですね。あとで解かったたって子供にはもう必要ではないことなんです。子供にとって、一番の物知りで頼りになる人は、お母さんとお父さんです。聞かれたことにすぐ答えられる、少しの時間を作ってあげること。決して「あとで」は言わないようにしましょうよ。

それと同じように思うのですが、自分の失態や反省を省みることなく、「オレだって間違うサ、失敗するさ」「オレだって人間サ、間違いがあってもフシギじゃない」というようなコトバ。

それは、まちがった本人が言ってはいけないコトバ。他の人が言ってくれて、初めて意味のあることば。自分を弁護するために言うのはおかしいように思います。

新宮生まれの名だたる禅僧・山本玄峰(げんぽう)老師は、「人には親切、自分には辛切」と言いました。自分をある所で抑えていかなくては、子供に教えることだって出来ないように思います。ことばは大切です。

ことば

幼い時は「パイロットに、野球選手に、お医者さんになるんだ」と息巻き、学生時代には「そろそろ自分は、こういう職業に就く」と目標を定めてきたものですが、仕事に就き、家庭に入ると、全くと言っていいほど、大人になってからの目標がなくなってしまい、日々ついでに過ごしてしまうようになるものですね。

一年、いや一ヵ月、一週間前を振り返ってみても、「一体何をしたのかな」と考えても解からないことが多くあります。

私たちは家庭を持ち、子をなすようになったら、大人なんですから、「私は、これからどんな人間になるか」というのが目標なのではないでしょうか。「大きくなったら、大人になったら、人の懐を狙い、隙を見ては万引きでもして、面白おかしく、バクチでもやり、好き勝手に過ごそうか」などとは決して考えなかったはずです。

解からないことは聞き、調べ、学んできたのは、少しでも良くなろうと思う心があったから。辛い、悲しく、苦しいことに、涙を流したのは、人間らしい、優しく、乾かない気持ちを持っていたから。

誰のための人生ではない。自分が作り上げる自分だけの人生。限りある人生の日々だからこそ、大切に、大事に家族と人間完成を、少しずつ目指しましょうよ。

永平寺を本山とする、曹洞宗の開祖・道元禅師は、「仏教とは、自分を学習することである」と言っておられます。

自分を見つめ、悪い所は直し、一生かかっての人間作りなのです。一日、一時間が、自分を作り出す大切な時の流れということでしょう。

あなたに頂いた時間は、あとどれだけあるのか、わからないのですから…。

おてんとうさまの

ひかりをいっぱい吸った
あったかい
座ぶとんのような人

日だまりの暖かさを持った、そんな人が、あなたのまわりにもいることでしょうね。

迷信

人は、どうして物知り顔をして、何の理由もないことなのに、したり顔をして、如何にも「私だけが知ってるんだ。昔からそうしてきたのだ。私の言うことに間違いはない」などと言うのだろうか。

それも、家の中に亡くなった人が出て、大勢の人が出入りし、ただでさえ心が落ち着かず、気持ちが定まっていない時に。悲しみにくれて涙の溢れている時にです。

それは、どんなことを言うのかと言うと、①四十九日の寺参りは、三ヶ月にかかったらアカン。②位牌は二つも作ったら駄目。③家の仏壇に、他の人の位牌を入れて祀ってはいけない…等々。

どうでもよいようなことを真しやかに言うのですね。

元の娘さん方が。

月末に亡くなれば、四十九日目には必ず三月にわたるし、身を突くという駄ジャレにもならない語呂合わせに振り回されてしまう。「あなたが月末に亡くなれば、早目や遅くに四十九日のお勤めをされても良いのですか?」と言いたい。

ご両親が亡くなられて、兄弟が他所に住んでいるとして、それぞれの地でお祀りをするから、位牌を二つ三つと作る場合もありますね。それはそれで良いのです。所が変わっていても、お祀りして、ご両親の菩提(ぼだい)を弔うのに何の規則もないのです。

また、命の恩人や、恩に感ずる方がいれば、その由来を家族で解かり合っていれば、一緒にお祀りしても良いと思います。

自分一人の勝手な判断で、取り乱している時に余計に掻き乱すようなことは言わないで欲しいのです。それよりもお寺へ出向いて行って、確かなことを聞き、メモを取ってくれれば、迷信や間違いは起きないものです。古くからの迷信やタワ言は、生きている私たちがなくして行かないと、いつまで経っても残って行くものです。

振り回されないで、しっかり現実を見届けましょう。

その日だけ

子供の一番キラいな言葉は、「はやく、はやく」ということだ。一日に何度となく言われながら、一つも効き目がありません。車も速く、新幹線は言うに及ばず、更には音の速度を五~七倍も早い飛行機が出来て、いつかアメリカへは一時間半で行けるという話。そんなに早めたからといって、事故ばかりが大きくなるような気がします。

生活に置き換えても、早く、手軽で、使い捨て。もっと大切に扱える良い物を作り出し、使って行きたいもの。

何でもない、そこいらにある物だけど、何となく手放せない物だって沢山あるに違いない。そうこう思ううちに気が付いたのです。

近頃は、本当の四十九日や、一年、三年と、亡くなった日を一日目と勘定し、キチンと合ったその日に法事をとうのは本当に稀になりました。三十五日(五七日忌)くらいには、もう四十九日をお弔いし、一年にならないうちに、「日曜日に、みんなが寄れるから」「勤めで、忙しいから」「遠くから、人を呼ばねばならんから」と、それぞれに理由があって、日曜日のお寺は法事年忌のラッシュが続きます。それを悪いとは言いません。でもね、それで終ってては良くないのです。亡くなった方の命日は、たった一日、一年の中で、その日だけ。都合もあるから早めたのでしょうが、せめて本当のご命日には家族だけで良いから、お墓にお参りして欲しいもの。良い線香を手向け、お墓を掃除し、清水をかけて、「霊よ、安かれ」と、残された者が心静かにお参りに優るお功徳はないと思うのです。

いずれは、あなたが入る墓なのかも知れません。今のうちに家族でお参りしておかないと、あなたが亡くなったら、誰が、どんな風にお参りしていいのかも解からなくなりますよ。今の生きているうちに少しずつ、お徳を積みましょう。

生きてる人を

ある人がこう言った。「坊さんは法事と葬式だけやって、あとは静かにお経を読んどれば良い。世間のことにとやかく口を出すもんじゃない。死人の世話をしておればええんじゃ」と。それも一応常識のある方だと、あとで聞きました。

世に宗教家は大勢いますが、どの方をとってみても、確かに亡くなった人を相手にしてはいますが、その死に巡り合った、生きている人々を本当は相手にしているのです。あなた方も、いずれはこの故人のように「死」というものが、いつかは一度は訪れるのです。その死の姿が今、皆さんの目の前にあるじゃありませんか！　時と場合を選ばずに、必ずやってくるというのに、何の心積もりも、準備もしないで迎えるのですか？　人の一生は一回限り、人の死に出会って、自分の生き方を振り返らないではその人の死は無駄となってしまうのですよ。だから、その葬送の場、あるいは自分を、人生を考える静かな所、心静かに手を合わせられる所を仏教では「道場」と言い、本堂なのです。人の生き方を説き、心から聞け、修行する所。それがお寺であり教会なのです。

人の生き方、命が問題だから、宗教家は常に法を説き、お釈迦様やキリスト様の言葉を皆さんに伝えているのです。では、何を伝えるのでしょうか。それは人間としての愛であり、平和ということ。心の平和、人との平和、親としての愛、妻・夫・子供への互いの愛。それのある所が理想であり、努力して努め、学ぶ所が道場。だからどこでも良い、法を伝える所が道場となる。それを「黙って死人を相手にしていろ」と言うのでは、少し見方が狭過ぎると思うのです。お坊さんだから、牧師だから、宗教家だから、いや、誰だって道を求める人は、平和を、愛を、人生を口にするのです。

なまはんか

その1。ある和尚さんが電話を取りました。すると、相手は「ウチの婆さんが亡くなったので、マクラギして欲しい」とのこと。「マクラギ？」と、和尚さんは一瞬考えました。「早(はよ)うマクラギに来て欲しい」「マクラギ（枕木）ていうのは汽車の線路の下に敷く材木のことで、こういうのはマクラギョウ（枕経）と言うもんや」

「そうかな。ワシ知らんもんでな！」。

その2。同じ和尚さんが枕経に、（別の）故人の家に行きました。家人がいる中、故人に向かって座った途端、その家の喪主らしき男性が「親主も酒飲みだったが、ワシも酒飲みでな。金があんまりないんで、葬式代安うしてくれんやろうか！」。仏さんに手を合わせる間もなく、お上人に向かって、仏さんの前で何ということをと思います。時と場合を考えるということは、大切なことです。「ワシ知らんもんでな！」では、済まされないのです。常識がないと言われても仕方のないことでしょうが、それ以前の誠意の問題でしょうね。

その3。「亡くなった人に、あの世の川、三途の川の渡し銭として、幾ら持たせたら良いのでしょうか？近所のおばさんは三文（三十円）で良いと教えてくれたけど」と。昔から、これは南無阿弥陀仏の六文字から六文銭と決まっています。それをこともあろうに半分に値切って、更に人にいかにも解かったように教えるとは、どういうことなんでしょうか。仏教で言われる妄語戒。「みだりに言葉によって、人の心を迷わせたり、怒りを生み出すようなことをしなかったか？」と、あの世で閻魔様に問われたら、どうするんでしょう。

解からないことであれば、謙虚な心持ちで素直に聞けば良いのに、公の場と私の所をはっきりしなければいけない時もあるのです。分別のある人、あっていい年齢。それらは、自分から作り出すものです。

くり返し

人間というものは『忘れる』ことが出来るから、生きて行けるのかも知れません。例えばこの冬の寒さにしても、心も凍えてしまう風の冷たさ、息が白くなり、ヒビ割れ、あかぎれの痛さ。それらが春の温かい陽の光や、花々の咲き誇る頃になりますと、嘘のように思えますよね。そして出てくる言葉と言えば、「寒かったなーこの冬は…」。つまり厳しい時を乗り越えて、もう忘れかけようとしているからなのですね。だから、春の陽気に人々は顔を合わせても笑顔で応え、そして、また同じ言葉を繰り返すことが出来るのです。

この冬という季節を、私たち自分の人生の一時期に置き換えてみると、愛する者と永遠の別れであったり、事業に行き詰まり生活のメドが立たなくなったり、時には誤解を受けて陰口を叩かれたりと、それぞれの苦難の時が必ずあるものです。そうした数えきれない大小の厄介事を、一つひとつ乗り越えて行った時、「えらかったー。この仕事は」「辛かったけど、よう頑張ったな」と、胸も詰まるくらいに苦労した者同士が声をかけ合える。その時はお互いの心を察して、優しい心になれるから、一言がありがたい。

思えば、同じ言葉を繰り返すことが出来るのは幸せなのかも知れませんね。繰り返して笑みがあったなら、そうした色々の苦しみを自分の物、これからの糧として、一つ成長したことでしょうし、辛かったことの数々を忘れさることで帳消しになるのだと思います。「あの時、オレがしてやったのに」とか、「私のお蔭であいつが助かったんだ」などということも忘れられたらいいのにと思います。いつまでもしつこく思わないで、「良かったね…」「良かったな…」と一言。

花まつり

時は春、四月八日、ネパールの春はどこか信州を思わせる。摩耶夫人（マヤぶにん）は、里方のコーリヤ国へ向かう旅にあった。ルンビニー園には、無憂樹（むゆうじゅ）の真紅の花が美しく咲き誇っていた。その一枝を手折（たお）らんとした時、彼女の右脇を破って一人の男子が出生した。後の釈尊の誕生である。（ひろさちや）

今から二千四百年も昔のこと。ネパールの国、シャカ族の王子として一人、この世に誕生しました。それも母親の右脇を破ってと仏典では書いています。どうして？ 古来から人並以上に優れた人は、必ずと言って良いほど、普通の産まれ方をしていないのです。彼のキリスト様にしてもそうです。処女マリアの身体から生まれたとされています。つまり、そういう人々は私たちと同じ生まれ方、育ち方をしているのではないということを言いたかったから。また、そうであっても不思議ではない行いをのちにしているからなのです。

お釈迦様にしてもそうです。生まれてすぐに一人で立ち、七歩あるいて「天上天下唯我独尊」と唱えられたと言います。この言葉通りに言えば、「天の上にも下にも、一番尊いのは私一人である」ということになるでしょうが、生まれた子供が歩き出す訳はない。この説話の言いたいことはただ一つ。「私たち、お前たちが、この世に生きて来たというのは、最高にありがたい尊い姿なのだ。これを忘れずに生きて行きなさい。人として生まれたことの尊さを考えなさい」ということ。

私たちは何気なしに生まれた来たのではありません。両親が望み、望まれるままに、人間として生まれることが出来たのです。考え、学び、泣き、笑う。また悩み苦しみ、それとも大らかな心にもなる、自由変幻の心を持つ、人間として生まれさせて頂いたのです。人として、生まれる縁を頂いた嬉しさを、花まつりに託してお祈りしたいものです。

インド紀行(1)

初めて西天・印度の道をお釈迦様の足跡をお訪ねしたのは、昭和五十六年の七月でした。たいていの日本人ツアーは、乾期の十一月から三月までの間によく行くのですが、私はビハール州のラジギールに建立される日本のお寺の彫刻のために一ヵ月、それも酷暑の中ついたのでした。真夜中、デリー空港は何とも言えぬ異臭と汗ばむ熱気に包まれていました。人々の雑踏を掻き分け、白タクで小さなデリー道場へ着いたのですが、白タクは当り前で、「何人乗るのか?」「荷物の量は?」。距離などで値段が違うから、余程押しが強くないと負けてフンだくられてしまうのでした。

「こういう流儀でないと、この地は通じないのだな」「値はふっかけているんだな」と思ったのでした。それはあとの買物や、人力車の時に思いのほか役に立ったのです。

あくる日は、外国人旅行者のための証明書を取りに窓口に出かけ、待たされること二時間。やっと手に入れました。この証明書がないと、汽車の切符が買えないのです。そのあと、デリーの町を太鼓を打ち托鉢をして巡りました。小さなジャガイモ二個、ピンポン玉ぐらいのタマネギ二個、アルミ貨少し、スパイス三袋など、町に腰をおろして売るバザールの人々が、私たち二人の僧にご喜捨をくれるのです。異国の、全く見知らぬ仏教僧にです。

ヒンズー教が殆どのこの町でも、ご喜捨を頂けるということはありがたいことです。言葉は通じなくてもご修行はわかってくれるのだと思いました。そんな方々に三拝礼を繰り返して、夕食の材料の托鉢を続けて、道場への道を辿りましたが、突然、町外れの所に出てきました。芝生に覆われた広大な丘。綺麗に整備され、一つの灯がともっているこの丘。マハトマ・ガンジー翁が火葬にふされた、記念の丘だったのです。

インド紀行(2)　ガンジー翁墓

インドの人々はほとんどがヒンズー教です。ヒンズーはお墓を持ちません。時々サルナートの沐浴(もくよく)の映像を見ますが、全て、あの偉大なるガンジス川の流れ・恒河(ガンガ)に流してしまうのです。

そう、あのマハトマ・ガンジー翁もそうでした。一青年の凶弾に倒れたあと、このデリーの広い丘の上で火葬にされ、お骨や灰はガンジスの流れの中に消えて行ったのです。その時、悲しみにくれた数知れぬ人の集まった所が、記念公園として残っているのです。

石壁を丸く巡らし、四方から入れるようになっており、中央には掃除する方が灯のお守りをしていました。霊灯の前でしばらくの間、太鼓を打ち鳴らしてお勤めをしたのです。インドがイギリスの統治から抜け出し、自分たちの国を作ろうと、無抵抗、非暴力主義を貫き、ついには独立に持ち込もうとしていた折、日本のお坊様と面会されました。太鼓を打っていたそのお方は、昭和六十年に百歳で亡くなられた、藤井日達上人。ガンジー翁は、日本の仏教をインドに還(かえ)すというお上人の言葉を聞いて、太鼓に興味を持たれました。何度か言葉の通じない面会を繰り返したのち、「会議の前には、これを打ち鳴らすようにしよう」と言われました。

これは今も続いていると言います。

一人の聖者(マハトマ)がいました。「インドを救うには、これしかない」と、非暴力で立ち上がったのです。つらい

インドにて

塩の道を歩き、糸紡ぎをして、圧制に耐え、白衣（はくえ）を着て一般民衆と常に行動したのです。そしてついには、あのガンジスの流れの中に入って行ったのです。

山一つ見えない、このインドでは、ガンジスの向こうに何かがあるような、陽の沈み行くかなたのどこかに霊地が、お悟りの所があるように思えるのでした。それはまさしく、彼岸（ひがん）と言われる感動にも似たものです。言葉の上だけではない、身体で感じた彼岸・此岸（しがん）でした。悠久の流れ、ガンガ…。

インド紀行（３）　パトナへ

デリーを夕方出発することにした。実に恐ろし気なＳＬです。でも、吐き出す煙は力強く、筋肉質の老人といった感じ。車中の人々は鋭い目付きで、物珍しそうに見つめては、「どこから来た?」と問う。「ジャパン」と答えてはみたものの、一体どこにあるかは知らないでしょう。そして、まわりの人々に「日本からだ。ジャパン、ジャパン」と繰り返してうなずいているけど、解かってんのかな。

彼等の目は鋭いように見える。彫りの深い顔立ちだからでしょう。アーリア系の人種だろうか、お釈迦様もこのようなお顔だったのかなと思うのです。と言うのも、シャカという名前も、元々はシャカ族の出身ということなのです。シャカ族の目覚めた者というのでブッダと呼ばれました。そんなこんなを考えて横になりました。寝台は板一枚を鎖で止めてあるだけの立派な物でしたが、案外よく眠れました。昼過ぎに着いた駅はパトナ。外に出ると、牛の糞が一杯落ちていましたが、子供たちはそれを籠に入れて、自宅の壁に厚く張り付けています。これは乾けば食事の燃料となるのです。草や木も燃料として刈られていきます。

お昼ご飯は小さな草ぶきの飯屋さん。ハエがワンワン舞う中で、野菜カレーを食べました。もちろん右手

だけで、スプーンは使う気にならないのです。砂にまみれた布で拭いているから、それよりも自分の手で食べた方がどれだけ安全か。汚い、不潔だなどと言っていてはいけないのです。ここはインド。みんなそうしているのですから。この地ではこの地の食べ方を…。これが礼儀というもの。美味しかった、本当に。「インドやなー」と実感。「カレーやなー」と汗を拭き拭き。そして、「きったないなー」と思っても、変われる訳でなし。

こうなんだなと、すぐ達観しました。不思議ではない、ここは西天・インドの町。

インド紀行（４）　竹林精舎

パトナでタクシーをやとい、緑にあふれた平原を走り、着いた所はビハール州ラジギールの町外れ、日本山妙法寺という日蓮宗のお寺があります。お題目に出迎えられて、ご挨拶を済ませました。境内中央には大きな菩提樹が立ち、その前には石垣の低い基壇跡。これは、お釈迦様に一生涯お仕えした、阿難尊者のお墓ということでした。つまり、今から二千四百年前のことが、実に身近に考えられるのです。小さな川の向こう側に見える岩山。そこに点在する洞穴は七葉窟と言われ、お釈迦様が亡くなってから、お弟子たちが集

竹林精舎

まってお経を作られた所。このお寺の後ろに見える大きな山下（さんか）の洞穴。ここは、お釈迦様を殺そうと企てた提婆達多（デーヴァダッタ）が無間（むげん）地獄に落ちた穴。湯あみをした温泉、傷を治した病院跡…。そうなんだ、ここは王舎城（おうしゃじょう）と呼ばれる都の直ぐ側なのだ。都の跡は、峠を抜けたあの盆地。都の中の方が住みやすいのにと思ったが、そうじゃないのですね。人々と余り離れずに、それでいて静かで修行の出来る所。そこが、ラジギールの竹林だったのです。そこを、お弟子たちと一緒に托鉢（たくはつ）に回っては、法をお説きになったのです。ですから、この地を竹林精舎（ちくりんしょうじゃ）と呼んで、今もなお群（むれ）なす竹林は静かに風の中にありました。

　ここいらをお釈迦様は歩かれたと思うだけで、ここで法を説かれたと考えるだけで、随分お釈迦様を身近に感じ、心が安らぐのです。夜になると、まわりの樹々が時々ネオンサインのように光が点滅します。よく見るとホタルの群れが光っては消え、時折、フラッシュをたいたようにも見えます。驚き、何という光！　コーランの流れるバザールを通り、ホタルの光の中で温泉に浸かり、身を清めました。何という心地良さ。ここは西天・印度、ラジギール。

インド紀行（5）　王舎城（おうしゃじょう）

山は、自然の要塞だったのでしょう。ラジギールの近くに、山に囲まれた王舎城の都はありました。深い仏教の信仰者であったビンビサーラ王が治めていたこの都・王舎城。お経の中に随所に出てくるのでおわかりの方もあると思います。お寺から歩いて一時間半。途中はうっそうとした木樹におおわれ、時折見える広場は、病院跡、王様が閉じ込められた牢、温泉等が見え隠れしています。通りすがりの人が、黄色の袈裟（けさ）を着けた私に向かって、挨拶してくれます。「ナマステ」。都の東側に小高い山があり、それに向かって一直線です。都に通じるこの道は、山に着いた途端に、石を敷き詰めたゆるやかな坂道となります。ビンビサーラという王様が、お釈迦様のお説法を聞きに集まる人々のために山裾を削り舗装したので、ビンビサーラ・ロードと名付けられたということです。

王舎城にて

登るに連れて、右下にはもうすっかりジャングル化した都の跡が広がって、大きな都であったことが窺（うかが）い知れます。小さな橋を渡ると、右には鷲の形をした岩山。そこで、この辺りを霊鷲山（りょうじゅせん）と呼び、お釈迦様が好んでお説法なされた所。岩々の間には、阿難（アナン）や、迦葉尊者（カショウそんじゃ）たちの起居（きこ）した浅い洞（ほら）、水浴びした谷川を拝しながら、丘の上に着きました。

周りを低レンガで積み、中央には更に四角に積んだ、ご香室と言われる説法座。お釈迦様八十年という、当時としては恐るべき長命のなか、最後の八年間をこの室の中で法華経をお説きになったのです。今までの集大成として、この心地よい、見晴らしのきく霊鷲山は最高の場所だったのでしょう。五体投地の礼拝を済ませ、一人静かにお勤めをしました。きっと今も、風と光の中で、あのご香室は静かにあることでしょう。

インド紀行(6)　ご香室にて

お釈迦様の説法座・ご香室をお訪ねした日が、ちょうど母の命日でした。朝早く出かけ、朝靄の中をお勤めして十時頃に帰山したのです。昼食の時、お上人方に「今日は母の命日ですので、夕食は私にお供養させて下さい」と申し出ました。霊鷲山のそばの多宝山にいるお上人方にも来て貰いたいと申し出て、七人ほどの予定です。昼からはゴマの付いたお菓子を買いに行き、久し振りの麺類にしようと、特製ベジタブル・スパゲティーの料理に取りかかることにしたのです。夕闇せまる頃、使いの者と一緒に山上のお上人方二人がお見えになり、初めてのご挨拶を交わしました。

楽しい談笑のうち、その一人が「今朝ほど、お二人のお参りご苦労様でした。あの白衣を着たご婦人は、どこに居られるのですか？」と問われるのです。「いえ、今朝は私一人でお参りをしましたが…」「あなたの後ろに、白い行衣を着た女性が座っておられましたよ」と言われ、ハッと胸を突かれたような気持ちになりました。その何年か前、母の遺骨の一部を持って、師匠である父は、あのご香室の側に遺髪と共に埋めたのでした。突然、何とも言えない物が込み上げてきました。私には見えなかったのですが、山上から朝のお参りしていたお上人には、母の姿がはっきり見えていたのです。

母が来てくれていた。私のお勤めを聞いていてくれたのだと思うと、食事中の無作法を省みることなく、涙が止めどなく流れてきたのです。五十七歳で旅立った母は、そこに居られたのです。お釈迦様のお傍に…。嬉しくなりました。実に、摩訶不思議なことではありますが、本当のことなのです。そういうことがあっても、おかしくない所なのですね、霊鷲山は。

インド紀行（7） ラジギール風景

インド・ビハール州ラジギールの窓から見た風景。昼過ぎには必ずと言っていいほどスコールが降ります。黒雲が見え始めると洗濯物を取り入れて、それ以外は彫刻のために、原書よりトレース（写し）をするのが当分の日課でした。時折、目を休めに近くの竹林精舎の中をゆっくり歩き、新本堂までの道を辿って行くと、イノブタそのもののような豚、痩せ細った牛、小川では子供たちが茶色の流れで戯れています。子供たちというのはどこの国でも同じことです。夏の暑い日には水遊びに興じるんですね。もちろん、フリチン。帰る途中にもう一度、竹林精舎へ。ここは風の渡るのが笹の音でよくわかり、静かな薄暗い木蔭で、心からゆったりと出来る所なのです。

暫くして、大理石の本場とも言うべき地・ジャイプールから、トラック満載の、タタミ一畳分大の石が沢山着きました。私の仕事は、この石に写し（トレース）をそのまま写して、あとは彫刻の指導です。このためにやって来たのですから、力が入らない訳はありません。

現地の人々の、か細い道具を前にして、「この文字のここは、こう彫るのだ」と、見本を作ってみます。すると、彼らは「アチャ！」と言っては、首を横に振るのです。所変われば品変わる。「アチャ」と

霊鷲山

は「解かった」ということ。横に振るのは、日本流で言えばうなづいているのです。でも、人の多いインドのこと。技術者も沢山いますから、手の仕事は慣れたもので、すぐに覚えて実行に取りかかります。のんびりしていると言えば、そうなのでしょう。でも、手仕事をする人々は、どこか安心出来るのでした。目では如実に見えませんが、一つ一つが確実に出来て行くのです。完成を見ずに、この地インドを離れることになりましたが、後日、再訪した時は立派な物になっていたのは驚きでした。

インド紀行(8)　インド色々

あれこれと書いてみたいと思います。まず、ラジオの電波のよく入ること。考えてみれば、ほとんど山がないので当たり前なのでしょう。でも、それを拡声器に繋いで、大きな音で流すのは耳障り(ざわ)で、ましてやコーランなんぞは喉自慢か実に良い声で、聞こえよがしに一日中流れてくるのには閉口しました。

日中歩いていますと気分が悪くなったのです。そこで樹蔭に運んでもらい、しばらく休んだのですが、要するに日射病でした。と言うのも、陽射しの中は三十五度を超すのですが湿度がないせいか、さほど暑く感じられなかったのです。ターバンが必要なのや、暑い所の人ほど長い服を着ているのも、体温の方が低いからなのだなと思った次第でした。正に「郷に入れば郷に従え」で、それ以後、タオルを頭に巻いてよく出歩くようになったのです。

「インドで生水を飲まないように」という注意を、日本を出る時聴いていたのですが、実際に来てみますと、そんなことに気を使ってはいられないのです。喉が乾けば、井戸の水をよく飲みました。でも、最初の一日だけ下痢をしただけで治ってしまいました。余りに余計なことを思わなかったのが良かったのでしょうね。旅行者としてではなく、ここで生活すると思うと、そんなに気にならなかったのは事実です。でも、ミルクを煮詰めて作ったスープ状のような物には、本当に参りました。これは、完全に下痢です。食べる物は何でも美味しかった。ホント。でも、黄色の袈裟を着けている限り、牛肉なんぞはとても出してはくれませんし、まして、ビールなどを飲んだらスクープ物です。「日本の僧が、肉食飲酒をした」と一度に新聞に載ってしまうのです。飲みたくはありませんでしたが、やっぱり、お茶漬けかお寿司は食べたかったな。

インド紀行(9) やすい?

そう言えば菩提樹についてですが、印度で見た菩提樹は、実は小さなイチジクのようで、食べるとちょっと甘かった。これは「実が固くなってお数珠になるのか?」と思ったけれど、そうではなかったんです。数珠にするのは同じ菩提樹ですが、木の種類が少し違っていたようです。それについて思うのですが、ブッダガヤへ行った時、バスから降りた途端、一人の日本人に一人の商売人が付きまとい、作りの雑なお数珠を「百ルピーだ、二百ルピーだ」と言って法外な値段を吹っかけるのです。でも、こうした値になるというのは、日本人のレートの勘違いなのです。一ルピーは日本では三十円ぐらいです。でも、これは国際通貨、いわゆる貿易上でのこと。大体、五ルピーあれば三人家族が一日暮らせます、インドでは。それを日本での一日必要なお金に替えてみると、一ルピーが幾らになるか解かるのですが、そうではなくて、一ルピーは三十円と思って「安い!」と思い違いをしてしまうので、札ビラを切って使うから、日本人と見ればとんでもない価格を持ち出してくるのです。それでも、日本人ツアーは「安い!」と言うのですから、インドの商人はホックホクです。

どこかで誰かに習った日本語で、お坊さんと見れば、「先生！　安い数珠あるよ」と話しかけ、物乞いは「バクシー、バクシー」とお金をせびりに来るのです。でも、悪いとかいやらしいとかは思いませんでした。何故なら、ここはインドですし、政府もそれなりに力を入れているのでしょうが、電話・電気さえ通じていない所も多いし、文盲率も高く、人口も多い上に、就職する所もないというのでは、仕方のないことです。旅行者として一流のホテルに泊まって、日本人向けの食事だけを食べるのではなかったことが良かったのかも知れません。本当のインドを見聞き出来ましたから。

インド紀行（終）　西天印度

インドの国は確かに暑い。暑いから、カレーという舌に響くような物を食べ、乳製品などや果実をふんだんに摂る。何故か？　それは暑いから、暑くってたまらないから、余計に胃を活発にする物を食べ、汗をかく。この汗が体温を取って、クーラーの役目をしてくれる。何千年も繰り返してきた生活の智恵だ。北の国は、梅干しや塩の入った物で身体を温めるが、南の国は糖分で身体を冷やすのだ。それが、南国流。そしてまたフルーツは何を摂っても美味しいしジュースたっぷり。喉越しの美味しさ、本当の醍醐味なのです。

だから、暑い国の人ほど長い袖の服を着ています。外の空気の方が暑く、体温の方が低いから、汗がラジエーターの代わりとなるのです。

それにしても、インドの一人ひとりの顔の、何と哲学的な雰囲気の持った顔立ちであることだろうか。思いに耽(ふけ)るに良く、横顔のシルエットは、釈尊もこのようであったのかと思わせるに相応(ふさわ)しいのです。でも、大きな違いだけは解かりました。海の近くの人々、いわゆるベンガル湾沿いの人々は、笑顔がとても日本人に似ていて、持っている性質も穏やかそのものなのです。でも、一歩、内陸の方々はどういう訳か（多分、肉食が多いせいではないかと思いますが）、あんまり感心する人がなかったのは、思い過ごしでしょうか。

それにしても、二千数百年のころの牛車が今でも通り、同じようにして人々がくらし、わがしゃべる言葉はサンスクリット語であると信じている二十数語部族の人々。お釈迦様もヒンズーの一神として入れられ、埃っぽい道、煩(うる)さ過ぎるほどのバザール、冷たいヨーグルト、仏跡への参拝のネパール人、カメラに写されるのが大好きなインド。インド…。

果てしなき大地に、元のままあるインド。もう一度、行きたい所です。

病院のマナー

お見舞い

「病気になり、ベッドに横たわって、改めて逆の立場の見方が出来ました」と、つい最近退院された方が言いました。「健康な時には全く気付かなかったことが、どれだけ病気をしている人の心を掻き乱しているか」と言うのです。その幾つかを教えてくれました。

その1。大安の日ともなると、お見舞いのラッシュだというのです。引きも切らず、次から次へと来て下さる。鼻や口に管が入っていても、見舞の人が話しかけてくるし、断わる訳にも行かず、無理をして話しているのです。

その2。また、ベッドの傍に立って話されると、声も大きくなります。本当は座って小声でするべきでしょう。みんな横になっているのですし、ましてや、ベッドに手をかけるのは病人の安らぎを不安にすると言うのです。

その3。作業中の姿でお見舞いに来てくれたそうですが、作業服から埃が舞い上がっていたので閉口したと言います。せめてこざっぱりした服装が必要でしょう。

その4。そして、お見舞いの品も出来るだけ、音の立たない物が好ましいようです。あのセロファンに入って、ホッチキスで止めてある物や、買物袋に入っている物などは、思ったよりも病室ではみんなが静かにしているので音が大きいのです。

その5。隣りの人や、向こう側の安静にしている病人のベッドに掴まったり、寄りかかったり、本人は気が付かないのですが、見知らぬ病気の人にも気を付けてあげたいですね。

病人に余計な気を遣わせないようにという心がけ。本当に、気配りの勧めと言えるでしょう。相手は、病気をしているのですから。

一つの言葉で

「あの人の言った言葉が、引っかかる。あの一言がよう忘れん。あんな人とは思わなかった。それにしても、よくこんなことを言うなあ」と、人が傷付くこともわからずに、気持ちを逆撫でするようなことしか言えない人がいます。

「私は正直に言うたまでや、嘘はつきたくないから」と言わんばかりの自己弁護。言った方はサッパリするかも知れんけども、言われた方は、いつまでもその言葉にこだわって、忘れることの出来ない傷を作ってしまうかも知れません。人の知らない所で流す涙に気が付かない人、思いやりのない、むしろ、かわいそうな人なのでしょうね。

思えば、人間というのは罪作り。一つの言葉で楽しくもなれば嬉しくもなり、大勢の人を喜ばせることも出来るのに、あの人はどうして心を傷付けることしか言えないのでしょう。業(ごう)は、こうして自分から作り出して行くものだと言えます。

一つの言葉で　喧嘩して
一つの言葉で　仲直り
一つの言葉で　お辞儀して
一つの言葉で　泣かされた
一つの言葉は
ひとつひとつ　それぞれに
一つのこころを　持っている

私たちは同じように、人と話し聞くことが出来るのですが、同じ聞くなら、話すなら、もっと人の心の琴線に響くような、心温まる良い言葉で話してみましょうよ。

それには自分自身から、いつまで経っても渇かない心、潤いのある自分の言葉で話しかけてあげること。そうすれば、どれだけ人が喜ぶことか。怒鳴り声や、嫌な言葉や話しかけからは、絶対に笑みは返ってこないものです。

そんな話し合いはしたくないでしょう。良い語りかけは、また、あなたと話し合いたいと、人々は思うに違いありません。優しい一言で、笑みが返ってくるのですから…。

いつとはなしに

真新しい外出着

新品の制服、大好きなデザイン、お気に入りの物。何でもそうですが、おろしたての時は、例え小さな汚れやシミも大変気にして、クリーニングや手揉み洗いを繰り返し、元の綺麗なままにしようとするものです。でも、一つ二つの汚れや、小さなカギザキなどが出来たり、目に付かない所が汚れていたりして、それが少しずつ気にならなくなると、知らず知らずのうちに当たり前と思って、ついには普段着になってしまいます。こうした経験を持たれた方は、随分多いのではないでしょうか。

私たちのことに置き替えてみたら？　幼い子供が悪いことをした時に、それを解からせて、良い方向に進むよう悪い芽を摘み、身体の行いを美しくするのを手助けすること。これを躾と言うのです。「でも、子供のすることだから」と見逃していると、叱られることも、自分で直して行くことも知らずに育って行くとしたら、それが気にならなくなったら、言葉や行動の乱暴が当たり前になったら…。

子供に限らず人は清らかな物が好き。心の落ち着ける所が、優しい言葉が大好きですし、悪いことをしてはいけないという心を誰でも持っているのです。そして、一番綺麗な時が、ご両親の言うことを聞いてくれる幼い時でしょう。その綺麗な心を持っているうちに心のシミが気になるうちに、小さなシミの時に手揉み洗いの出来る折に、汚れを取り去り拭い去れることが出来たらと思うのです。いつまでも綺麗な心の外出着でいたいと思うのは、私一人ではないでしょう。子供は何れ（いず）大人となり、社会に出て、社会の中で通用しなければならないのですから、今のうちに出来るだけ、清らかな心を持ち続けられますように。

そのためにも…。

施食（せじき）

日本は四季に恵まれ、春夏秋冬それぞれに美味しい食べ物が沢山あります。近頃は季節感も味わえないほど、違う季節に果物や野菜があります。飽食の時代と言われていますが、他の国では食べる物さえなく、飢えて死んでいる人々の多いのも事実です。一口も食べられず死んで行く人の姿は、平安時代に描かれた『地獄餓鬼草紙（じごくがきぞうし）』の絵巻に出てくる姿と一緒です。食べ物に限らず、品物、地位、名誉それぞれに、欲望を満足させようともがく姿。これらを見ますと、誰だってなりたくはないでしょう。

日本という国に生まれさせて頂いて、本当にありがたいと思わなくてはいけませんよね。食事が美味しく食べられることだって、いつ、どこでも自由に…。何て素敵なことなのでしょう。そうしたら、自分のお腹の分（ぶ）にあった食事をして残さないことが大切な思いやりです。

お寺の生活を時々テレビで見ることがあります。その時、碗に盛られたご飯を、ほんの少し小皿に取って、合掌している姿を見たことがあると思います。これは一日の食事を頂きましたが、なおかつ「餓鬼(がき)に食べて下さい」とお供養しているのです。

人間の心の中には、いつだって餓鬼のような飢えた心が芽生えやすいのです。目に見えないからといって、馬鹿にしてはいけません。ご飯を食べる前に、お箸でほんの少しずつ小皿に取り、一人ひとりがそれを繰り返しお供えをして行くのです。食事が終われば、その小皿に盛った物は、屋根に置けば小鳥に、飼っていれば猫や犬に、施食をしてまわりの命、自分の中にある餓鬼の心がなくなるようお勧めします。毎日毎食、誰でも出来るありがたいお供養がお施食です。

み仏にふれる

宗教書のブームだそうです。日本各地に点在する大本山や、修行僧の風景や、各宗旨のガイドブック、お経のよく解かる本、お墓の建て方。写経会などがよく行われています。なのにどうして、人の心がこんなにすさんでしまっているのでしょうか。

宗教を学ぶということは、取りも直さず、自分の心を磨き上げるということですし、それぞれの教えを信じ、実生活に生かそうと努力・精進することだと思うのです。これだけいろんな本が出て、催し物があって、聴く人々がワンサカ詰めかけているというのに、何となくブームだけが先行している風です。

仏教に皆さんが一番身近に感じるのは、身内や近親者のお通夜かお葬式、年忌法要ぐらいのものでしょうか。それとも旅行の時に訪れる大きなお寺か、有名な故事来歴のある神社仏閣。そして、もっと仏教に近付くのが、自分の身体に不調をきたした時か、「俺もそろそろかな」とか、そういう年齢になった時ぐらいでしょう。それまでは、人の死に出合っても、自分が死ぬとは絶対考えないし考えてもいない。そこに問題があるように思うのです。でもお経とは、み仏が私たちを導くために示された教え。教えは生きているから聞くことが出来、実行することが出来る。生きているうちに、み仏のような心に一歩でも近付こうとする姿勢が大切なのです。

自分の寿命がなくなりつつあって、初めて法に触れるのではなく、幼い頃から若さ溢れる青春期でも、そして、落ち着き始める壮年にあっても、自分の命、人の命を見つめて、自分の生き方を問い直し自己の完成を目指すこと、これが一番重要なのではないでしょうか。素晴らしき教えに早くから触れている人は、どこか眼差しが違うように思えます。

まわりにいる師

ある男が亡くなり、あの世で地獄か極楽行きかの裁判を受けることになりました。恐る恐る、閻魔大王様の前に座りました。すると大王は、その男の顔を見るなり、眼に涙を溜めて、男を見つめ、こう言いました。「お前は、この裁判を受けずとも極楽に行けるよう、生前中、お前に三人の私の使いを出したのに、未だにわからずここにやって来た。何度来ればわかるのか！」と。

男は驚き、聞き直しました。

「大王様。私は、その三人の使者と聞きましたが、一人も逢っておりませんが…」。大王は答えました。

「お前のまわりに老人がいたであろう。あれは私の仮の姿であり、『お前もいつかは、このように身体が動かなくなり、目ヤニが出て、言葉も上手くしゃべれなくなり、老いぼれて行くのだ』と教えた。にもかかわらず、お前は老人を馬鹿にして、若さだけを頼りに過ごしたではないか。やり直しのきかぬ人生だと示したのだ。二人目の使いとは病人である。人はいつか病気をして人の世話になるのだが、お前は手助けもせず、病人を見舞いもせず、気持ちの弱っている者を元気付けようともしなかった。だから、お前は今度は自分がそうなったであろう。三人目の私の使者とは死人である。生きとし生ける者には必ず死というものがやってくる。だから、生きているうちにその姿をお前に見せて、『業を作らず善徳を積めよ。生きているうちに仏になれよ。一つしかない命だぞ。二度とない人生だぞ』と、お前の身内に、まわりに死人を作ったのに、何も自分の身に起こらないと思っていたのか！　お前は私の慈悲の心も知らずに、何度、この裁判を受ければ気が済むのか！」と大王は言い、涙を一つ、ポロリとこぼされたということです。

フシギ・不思議

小学生の頃、季節はいつか忘れれましたが、夕食も終わり、それぞれが自分の仕事をしていました。すると父が私を呼び、「玄関にお客さんが来ているから、出なさい」と言う。言われるままに行きましたが、誰もいません。その旨、父に言いましたが、父は「○○町の××さんが来ているから、表に出てこい」と言うのです。門の所まで捜したのですが、誰もいません。そうこうしているうちに電話がかかり、その○○町の××さんが、今し方、亡くなったとのこと。すると父は、「ああ、挨拶しに来たんか…」と一言。思わず、ゾーッとしたのを覚えています。こんなことは、小さな時に何度もありました。

大学を出て第一回目の修行、信行道場が終わって張り切っている時でした。夜十時頃だったでしょうか。

本堂の前を通りかかると、私のまわりで話し声が聞こえるのです。見える範囲には誰もいません。でも、すぐ近くで話しているのです。内容はわからないのですが数人の声がします。不思議に思い、父に話したところ、「今日は、集まってるんやなー」。こともなげに言われました。一体、何が集まってたんでしょうか。

里のお婆ちゃんが(尾鷲に)やって来て、しばらく泊ってくれたことがあります。畑仕事や、家の中を片付けてくれたりと、することが一杯。夜になると、グッスリ寝てしまいます。ある日の真夜中、本堂の中で音がするのです。お婆ちゃんも気が付いていました。お経を読む時に打ち鳴らす、あの木鉦の音です。規則正しい音でした。一二の三で電気を点け、本堂に入りましたが、音は止み、人の気配もなく、静まり返っています。隅から隅まで探したのですが、怪しい所は一つもありませんでした。イヤー、フシギなことって、面白いもんですねエ。

子供に学ぶ

ある中学生は、いつの頃からか、学校で昼食時になると暴れて、全く手が付けられなかったと言います。椅子は投げる、ガラスは割るで、とうとう児童相談所へ行くことになりました。学校も原因が解からず依頼したのですが、そこでも黙ったままで荒れていました。相談所の先生が、奥さんに頼んで、二人分の昼食を作って貰いました。「さあ、食べよう」と言いいますと「先生、弁当ってこうだよな。布で包んであるよな。俺のは、ホッチキスで留めてある奴を母さんから渡される。音がしないように爪で開けてても、パリンパリンと、あの嫌な音がして、自分でも何が何だかわからず、暴れてしまうんだ」。やっと、原因が解かりました。昼飯を与えれば良いという、お母さんの愛情の手抜き。間違った生活、思いやりのなさ、子供のことを本気で考えていないからなのでしょう。

もう随分昔の話ですが、お母さんが夜なべ仕事をしていました。側で子供たちが、学校で習ってきた国語の本を読んでいました。お母さんは、フッと思い付いてこう言いました。「お母さんは家が貧しかったから、小学校も二年までしか行っていない。だから、今でも新聞も読めないでいる。せめて新聞ぐらいは読みたいから、お前たち、学校で習ってきたことをお母さんに教えて欲しい」と。それから子供たちは「お母さんに教えなくちゃいけない」と思い、一生懸命に先生の話を聞き、ノートをとってきては、お母さんに教えたというのです。ただ教わるだけではなく、今度は家に帰ると、私が先生だと思い、解かるようにと努力してお母さんを助けたのですが、結果的には、素晴らしいお母さんだったと思うのです。

学習するというのに、年だとか、地位も、場所も関係ないということでしょうか。

つみ重ね

夏八月の終わり頃になると、青年僧が集まって、小学生を対象にして『修養道場(しゅうようどうじょう)』を開いています。二泊三日の間は、箸の上げ下ろしに始まり、生活習慣は元より、正座、お経の練習、法話などにあけくれます。毎年やって来る子供もいて、私たちも楽しみなものです。二回目参加の子供は、手を合わせることも身に付き、リーダーの要素が育っているのを見て、家庭の雰囲気が手に取るように解かるものです。

いろんな手紙をあとで出してくれますが、中にはこんなこともありました。道場から帰り、家に着いたある少女は、食事の時、手を合わせて『食法(じきほう)』という食べる前の言葉を唱えました。お母さんは、今までそんなことをしたことがないので、感心して少女と一緒に手を合わせて、良い気持ちで食事が始まりました。ところがお父さんは、その側でニヤニヤ笑いながら見ているだけなので、お母さんが「あなたもして下さいよ」と言いましたら、「そんな子供だましみたいなこと出来るか！」と言って、ビールを飲んだと言うのです。

手を合わせるのは子供だましなのでしょうか。多くの人々の手をつかって、はじめて食事が出来るという、このことに感謝出来ないのではとても淋しいことです。少女は一週間もしないうちに、手を合わせることも食法を唱えることもしなくなったと、お母さんは書いていました。残念です。

また、ある少女は、しっかりした家の子というイメージがあったのですが、友達と遊んでいた時突然、「ナンダト、テメエ、コノヤロー」と怒鳴りました。猫を被っていたのですかね。ついボロが出たようです。日頃からの生活が、ついこぼれてしまうのですね。

…の中身

私が中学生の頃、ある日、父がお盆のお参りの感想を母と話しておりました。聞くともなしに聞いていましたら、こんなこと。

「お盆のお参りに行った。お勤めのあと、冷たい麦茶とおしぼりでしばらく話をしていたら、紙包みを出され、受け取ったところ、触ってみたら中身が入ってないことに気が付いた。『中に入っていませんよ』とは中々言いにくいものだ。何度も考えてみたけど、良い言葉も見つからずそのまま持って来てな。ホレッ」と、封の糊もそのままのを見せていました。

母もしばらく考えていましたが、「言いにくいもんやねー」と、相槌を打っていました。私はその頃、父とは別の区域を回っていましたし、何度もお布施を頂いたのですが、「そんなもんかな。はっきり言った方がいいのに」と、考えもなく、漠然と思っていました。

ところが、住職となり、数多くの場でそういうことが起こりますと、一つ気が付きました。施主は、あの紙包みに先に字を書いてしまい、入れたような気になるのでしょう。

皆さんはどうしています？　葉書きでも文面を書いてから、最後に住所、宛名を書くと思うのです。一つの癖なのかも知れません。もし皆さんが紙包みを貰ったとして、中に入っていなかったら請求はしにくいものですよ。ずっとあとになって、時間が解決する頃に「あの時貰ったけど、入ってなかったんよ」と言えるかも知れませんが、なかなか…ね。

一つ一つを確かめて行くのが、失礼のない方法でしょうね。あやまって済めばまだ良い方ですが、まちがって心が通じない、誠意が入ってないと、それこそ大きな問題です。心を込めて一つ一つをていねいに。歩みは遅いようですが、最善の方法です。

相互に敬う

お姉ちゃんと弟の、二人の兄弟があったとします。ここに、ご近所からケーキを一つだけ頂いたとするのです。この二人はどうするでしょうか。お姉ちゃんが一人で、弟の前で食べたとしたら、弟は怒り狂うことになるでしょうし、この反対の状態も同じこと。食べられた方は充分に甘味も美味しさも満足するし、食べられない者よりも良い気持になることでしょう。ところが、食べられなかった方はどうなるのか。お姉ちゃんに対する怒り、妬み、つまり餓鬼の心が生まれてきます。「食べ物の恨みは恐ろしい」などとも言いますが、詰まる所、こういう状態なのです。

これは人間だけではなく、動物の世界に於いても全く同じことなのです。でも、人間の世界は、自分を変えることが出来るのです。言い換えてみれば、これは現実に考えられる私たちの世界ですが、ここには争いという世界しか生まれません。片方だけが満足、それ以外は、怒りの心。これでは平和は保てる訳はないのです。

これを解決する方法が、一つだけあります。半分コずつ食べて、二人が「美味しいネ」「美味しかったね！」と心から頷ければ、互いに微笑みが返ってくることでしょう。昨年一月に百歳で亡くなられた平和提唱の大導師、藤井日達上人がこう言っておられました。

「文明とは、電灯の点くことでもない。飛行機のあることでもない。原子爆弾を製造することでもない。文明とは、人を殺さぬことであり、物を壊さぬことであり、戦争をしないことであり、相互に敬うことである」と。家庭の平和は町内の、市の、県の国の平和になることであり、お互いが敬い合えば、更に平和に尽くすことになるのです。

「相互に敬い、分け合うことである…」。これが、仏教の求めていることなのです。

思いやりの心で

五月に、団体参拝の旅行がありました。最後に訪れたのが水戸・久昌寺というお寺で、人気テレビ番組の水戸黄門様のお寺でした。そこの石川泰道・貫主さまが出しているお寺の月報に、こういう話が載っていました。

東京の大森に「もみもみ先生」というあだなの付いたお医者さんがいました。何故、こんなあだなが付いたかと言いますと、お年寄りの患者さんが来ますと、診療したあとで、必ず肩を撫で、揉んであげるからなのです。初めはサービスかと思ったのですが、どうしてどうして、その揉み具合は実に真心が籠もったものでした。ですから、たちまち評判になってしまいました。

ある日、一人の患者がその理由を尋ねたら、その先生は恥ずかしそうに、次のように語りました。

「戦争中、学徒動員で引っ張られ、近く南方に行くことに決まったある日、僕らの隊長が『二、三日暇をやるから、家に帰ってお袋さんの肩でも揉んでこい。これが、最期になるかもしれんから…』と言われ、実家のある京都の母の許へ帰ることが出来たのです。ところが、その頃の、まだ若い僕は照れくさいのが先に立って、とうとう母の肩を揉まずに戦地へ発ってしまったのです。やがて戦争が終わり、我が家に帰ってみたら、年老いた母はもう亡くなっていました。『ああ、あの時肩を揉んでやっていたら…』と思うと、後悔の涙が止まりませんでした。それからですよ。医者となって開業したら、せめて母にしなかったお詫びに、年をとった患者さんの肩を揉ませてもらおうと思ったのは…」。

この話を語り終えた時の「もみもみ先生」の顔は、正に仏さまのようだったということです。

きっと患者さんの肩を揉みながら、亡き母を拝んでいるのでしょう。思いやりの心を込めて…。

日々好日

発心（ほっしん）

如何（いかが）でしたでしょうか今年の『人生はんど仏句』は？　どこを読んでも、皆さん方には、とっくの昔から解かっていることでしょう。今更、言われなくったって…とか、どうして今になって…と思われたに違いありません。でも、だからこそ大事なのじゃないでしょうかね。ロボットみたいに決められた動きをし、それ以外出来ないというのでは、悲しいことです。

思い立った日が好日、考え直して「ヨシ！　今日から」と、良い方向の人生を歩むのを発心と言います。折に触れて良い言葉に出合って、心を清め、良い人、安らぐ眼にお逢いして、形を磨き、日々それぞれの生活の中で、少しでも「善き人になりたく候」。思いを込める人生、これが最良なのではないでしょうか。

人は、一人では絶対に生きられぬものです。食べ物、着る物、まわりにある自然にしてもそうでしょう。様々な恩恵を受けてこそ初めて生きて行けるし、生かさせて頂いているのです。

自分の目には見えませんが、多くの人のお世話で生きているのですから、少なくとも「ありがとう」の一言が心や言葉にあれば、何と素晴らしい日々に変わって行くか、もう充分にお解かりのことでしょう。

2012/06/01

陸前高田にて

お釈迦様は、「生きているうちにブッダ＝人間として目覚めた者　となれ」と言われています。辛いこともあるでしょう。悲しいことも沢山起こってくるでしょう。それら一つ一つにいつまでもこだわるのではなく、地道な日々の中で乗り越えて、人の悲しみや苦しみが解かる人になりたいと思っています。

生きている。これだけでも素晴らしいことです。仏さまから生かして頂いているのですから、二度と帰ってこない今日という日、それを大切に。

お読み下さった方に御礼申し上げます。　合掌

寒行のある日

寒行

寒修行の季節がやって来ました。紀州は暖かいとは言っても、夕方にはそれなりの寒い風が吹き抜けて行きます。倅二人もお衣に身を包み、首には頭陀袋（ずだぶくろ）をかけ、ご浄財を頂いて回る、一月六日から節分の二月三日まで続く長い日々です。小学校二年生の時から一緒に回るように言い含め、太鼓を打たせたものです。周りの人たちは「和尚さん。もう少しゆっくり歩いたれや」と言い、「お寺の子供はかわいそうになあ。寒いやろで」とも耳にしました。ある時、「袋のヒモがイタい！」と言うので、見ますと、リンゴにバナナやお菓子がたくさん入っておりました。

次男坊は、提灯（ちょうちん）を持って随（つ）いてくるのが最初の頃の仕事です。衣では歩きにくいのか、よく転びました。それを見て叱る私は、さぞ厳格な親に思われたのでしょうか、即席メンを貰っては、「あったかい物を食べさせて貰いなさいよ」と、声を掛けられていたのです。

夕方ふけますと、お腹は空くし、声もかれます。歩き通しに太鼓を打ち、お題目を唱えては、疲れるでしょう。町のお好み焼屋さんの入口から、じっと中を見つめていた姿が忘れられません。

大寒は、暦（こよみ）の上だけではなく、本当に寒さが厳しくなります。この

頃に手がかじかんだのか、白い息を手に吹き掛けて、束の間の暖を取っている姿を見た時、思わず抱き締めてやりたくなったのです。心の中で「お前、偉いなァ。辛抱しろよ」と思うのですが、口に出てきたのは、上ずった声で「何をしている！　早く、随いて来んか！」という叱りの言葉。しばらくの間、胸が一杯になっておりました。幼い頃は、一週間もまわり続けますと疲れが出たのか、食事が済むとあげて（吐いて）しまい、寝込んだこともありますが、少しずつ成長して行く姿に、嬉しさと、自分の頃のことを重ね合わせて何とも言えぬ気持ちになるのです。

さて、今日も回るか……。

父上様

お元気ですか。倅二人も随分大きくなり、長男は家内の背丈を軽々と抜いてしまいました。この時期は毎年、衣を作り替えねばならないのですが、もう大人用の衣を取り寄せてみました。すると、何と立派な青年僧になったのです。随分、すっきりとした姿です。一度、見てやって下さい。この姿で寒修行に回るのですが、なかなかのもので、「大きくなったなァ」と本当に思います。道順も知り抜いていますから、私を追い抜いては、時々立ち止まっては、私を待つようにしております。「和尚さん。もう少し、ゆっくり歩いたれよ」と言われたのが、嘘みたいなのです。

そう言えばこの間、面白いことを長男より聞きました。

寒修行に回っておりますと、同級生の女の子に逢ったんだそうです。思わず持っていた太鼓で顔を隠し、声も出さずに通り過ごしたというのです。意識するようになったのですかね。それとも、「恥ずかしさ」を

父と二人で

感じるからでしょうか。

いつまでも、子供だと思っていると駄目だということですね。

この前、寒行が終わって、夕飯の時にいろんな話をしました。

私が、中学や高校生の頃の話です。「ある時は水をかけられたり、通りすがりの人に、『クソボウズ！』と叫ばれたり、お坊様であることに嫌気がさしたりもしたよ。でも、お前たちも、これからもっと辛いことが沢山起こるに違いない。それに負けず何度も乗り越えて欲しい」と言ったのです。すでに何回か、そうした嫌なことがありましたから、大体どんなことが起こるか解かっているでしょうが、「この子たちはまた、新しい人生を送って行くのだなァ」と、思いを深くしました。

この寒行は来年も、さ来年も、ずっと続くのですし、ただすれば良いというのではなく、何らかの形で、自分を創り上げて行くものであって欲しいと念じております。

まだまだ寒い日が続くでしょうが、お身体に気を付けて下さい。それでは、また…。

どんな花を

昨年の『はんど仏句』の最終号に、薬師寺管長である高田好胤師のお言葉を載せました。それは色紙の右に大きく、『華』と一字。左側に五文字、『疑則花不開』。読み下してみますと、『疑えば、則、花開かず』。疑いをかけて行けば、いつまで経っても疑いの暗い雲が広がるばかりで、花という成功であるとか、満足だとか充分という心の満たされることがありません。

疑いの反対が『信じる』ということ。何を信じるかは人それぞれでしょうが、私にとってはみ仏の教えだけ。それは、真理だからです。人間として、どう生きて行って良いかを説かれているからに他なりません。それを信じるということは一つですので、疑いのように何枚も幾重にも重なり、無明という迷いの中にいるよりは、たった一つの信じる世界の方が遥かに明るく、清らかですから、お解かり下さるかと思います。

そして、花。事がなること。年頭に該り、どのようなことを考え、どのような花を咲かせるのでしょうか。でも、無理はいけない気がします。

震災復興を祈念して

無理な、自分の力で間に合わないようなことは、長続きしないからです。それよりも小さな積み重ねが、大きな成功の元なのです。

お釈迦様は、常々言っておられます。

「おこたらず、つとめよ」と。

続けて行うことが、時には力ともなりますし、自分の自信をも育てて行くものです。一発勝負は誰だって出来ますが、無理なく、淡々と進んで行けるというのは、それが常精進の心です。

年が改まり、若水を頂いて、心をリフレッシュさせ、自分の花を、いつ、どこで、どんなに咲かせるのか、少し考えてみられてはどうでしょうか。

ときは　いま
ところ　あしもと
そのことに　打ちこむ
み命　とわの　みいのち

案外、身近な所に、なすべきことが沢山あるかも知れません。

心の病

お釈迦様、と聞くと完全無欠なお方と思われるでしょうが、実際にはよく病気をなされていました。背中が痛むと言われていますし、下痢もされ、神経痛のような病気も持っておられました。その代わり、人の病気を治すことも上手でしたし、病気に対する配慮も優れていました。

お釈迦様のお弟子の中に、みんなから鼻摘まみにされていた弟子がいました。この男は、朋輩（ほうばい）が病気になっても、「身体が臭い」とか、「下（しも）の始末をするのは嫌だ」と言って、看病しませんでした。するときめんに、この男が病気になってしまったのです。

ところが、みんなは世話をしようとしません。身体を動かすことが出来ませんから、糞尿の中へ寝るしかなかったのです。そこへお釈迦様がやって来られて、垂れ流しの糞尿を掃除し、身体を清めてやり、その男にこう言いました。

「お前は、自分の友達が病気をしている時に、ああいう態度を取ったから、こういう目に遭うのだ。これからは、そういうことをしてはならぬぞ」と、言葉静かに諭されて、そっと出て行かれたそうです。誰にも知られないように、お釈迦様は、それをなされた。

お釈迦様も病気をなさったが、病気のし方が違い、病気をしている人に対する態度が違っていたのですね。お釈迦様にとって、身体の病気より心の病気の方が、人間にとって深い物であると知っておられたのです。その心の病（やまい）を治すために、この世に出現されたのですから、身体の病気があって当り前ということが出来ます。

人間というものは、あれも良い、これも良いでは、どうにもなりません。病気をして当然という方に踏み切るか、病気をしないのが当たり前だという風に踏み切るか、そのどちらかでしょう。

あまり病にくよくよすると、病が病を呼ぶようです。

土産の仏像

都会のマンションやアパート暮らしに限らず、この地でも、お仏壇のない家が増えてきたように思いますが、それでもまだ有る方でしょう。

ところで、気になることがママあるのですね。それは、お盆やお逮夜、彼岸のお参りに、お経をあげに行きますと、仏壇の中にはとんでもない物が混じっていることがあって、非常に不自然なのですが、当家の方は気が付かないのか、気にも留めていないのです。

それはいわゆる、お土産（みやげ）として誰かが買ってきた物でしょう。例えば、奈良の大仏様のミニチュア。木魚でうたたねしている小僧さん。笠を被った小僧さんや、お守りともペンダントとも区別の付かないお経を印刷した物や、キーホルダーなどがそれなのです。

お仏壇というのはご先祖がお住まいする所ですし、家内の安全を守ってくれる守護神がおられる所。ご本尊様がご安置され、礼拝（らいはい）する、言わば神聖であるべき所なのです。そこに雑多な物を置かないことが大切なのに、「可愛いから…」とか「せっかく買ってきてくれたんだから…」とか言って置くのは、大きな間違いだと思うのです。

それは人形の類（たぐ）いであって、礼拝の対象ではないからです。土産物屋で買ってきた物が仏さまと一緒に並べているのは、むしろ、仏さまを馬鹿にしていることにもなるし、お守りして頂く目には見えないお力（冥加（みょうが））を損なう物です。

一番奥にはご本尊か、祖師像か、仏さま。二段目がご先祖の位牌。三段目がお膳。最下段が香・花・灯とお供物。それも、左右対称になっていれば本当にすっきりとした、気持ちの良い落ち着いた雰囲気になることでしょう。

気を衒（てら）わず、すっきりとお参りの出来るようにすれば、それこそ気持良く、お経でも唱えようかという心地がしてくるものです。爽やかにお勤めする場所にしたいものですね。

ボランティア

学生の頃、『リーダーズダイジェスト』という雑誌がありました。つい先年、廃刊になったので憶えておられる方も多いことでしょう。若い時には、いい情報と知識の供給源でした。

その中に、忘れられないショートストーリーがありました。

それは、ある冬の日のことです。アメリカの一家族が目を覚ますと、まわりは一面の銀世界です。昨夜降り積もった雪が、眩しく輝いています。

父親は子供たちに、この素晴らしい光景を見せると、さっそく食事を済ませ、玄関から道路まで雪掻きを始めたのです。

その時、お父さんが子供二人に言いました。「そう言えば、お隣さんは車イスに乗ったお婆さんがいたね。この雪じゃ買物に行くのも難しいね。どうだい。これから、みんなでお婆さんの玄関まで道を付けてあげようじゃないか」と。

子供たちも賛成し、出来るだけ音を立てないようにして、お婆さんの玄関から道路まで、すっかり雪掻きをしたのでした。

汗を拭いながら、子供たちとお父さんは、わが家のカーテンの間から覗いてみますと、玄関に出てきたお婆さんは喜びの声を上げて、「一体、誰がしてくれたのだろう?」と、まわりを見渡していました。

その姿を、親子はお互いに顔を見合わせ、笑みを交し合ったということです。言葉に出さなくても、「良かったね」という思いが、いつまでも心の中に満ち溢れ、その子供が今はお父さんとなり、同じように喜びを噛みしめているという話でした。

取り立てて大きな話ではありませんが、これが本当のボランティアという心なのではないかと思うのです。「私たちがしてあげたのですよ」という思い上りもなく、ただただ、人の喜ぶことを大きな力に促されて行う。これが、大切なのではないでしょうか。この親子が交している笑顔の状況を、頭の中で、いつも思い出しては「良い家庭だろうな」と思い返しています。

そして、その会話を見つめている、お母さんの姿を想像します。

ブロイラー児

新年の番組やニュースを見るともなく眺めておりましたら、元旦(一月一日)というのにある進学塾では猛勉強の真最中でした。生徒たちは一様に、『合格』とか『試験突破』と書かれたハチマキをして、まるで動かぬロウ人形のように座っています。女性のアナウンサーは、その塾長に向かって「元旦から勉強ですか？凄い雰囲気ですね」とマイクを向けますと、「私も休みたいのですが、生徒は正月も休みもなくしたいと言うので、その情熱に絆(ほだ)されて頑張っております！」と、意気高らかに答えておられました。

私は、この余りに不気味な姿に、全く違う感想を思い起こしたのです。

結論から言うと『おびえているからではないのか』ということ。「正月元旦ぐらい、休みなさいよ」「ハイ」と言って休んでみても、「みんな、勉強してるだろうな」という思いが一瞬でも駆け巡ったなら、置いてきぼりにされる、付いて行けない、落ちこぼれる、試験がダメになる、という強迫観念にさいなまれてしまうからではないかと。

だから、みんなで付かず離れず、同じ行動をしている方が安心するのだと思う。

そして、「また、休むことが出来たとしても、正月の遊びも知らないだろうな」とも思ったのです。以前放映された『三年B組金八先生』の正月風景で、モチをつこうということになったが、一人二人と「塾へ行く時間だから」という理由で抜けて行く。腹立ちまぎれに金八先生は、怒りをモチにぶつけながら、「この青春と言われる時に、何が塾だ！　何が勉強だ！　大人になって子供が出来た時、子供に何を伝えられるんだ！　どうやって子供と遊ぶんだ！　一体、何をして、正月を過ごすんだ！」と、ぶちまけておりましたのが印象的でした。

成績と点数でしか評価されない、ブロイラーのような今の子供たち。だから、それを一点でも上げることにしか頑張れない姿は、あわれでもあります。

人格を豊かにすることもなく、無機質な勉強というのは恐ろしい気がします。彼らは生きているのだし、若いのだから…。

夫婦二景

病床にある妻が、家庭を切り盛りする夫の愛情を記した短文に、「霜の厳しい昨今、寒がりやの夫は、よほど決心しないと起きられないとみえ、『エイ』と気合一声して、床をける。呆れる程の厚着性で、完全武装が出来ると台所へおりる。ご飯が出来るまで、火を見守りながら立て続けにタバコを吸うのである。片手間に、お茶や味噌汁をこしらえるなどという器用な芸当の出来るお人ではない。

汲み置きの、薄氷の張った水で洗い物をしてから、汲み立ての井戸水に手を入れると、「まるで、お湯みたいに感じられる」と、新しい発見でもしたように夫は言う。

「大変だね、父ちゃん」。私はしみじみと、夫が気の毒になった。

「どう致しまして、その有難いお言葉だけで私は満足でございます」と、薬を手にすりこみながら、夫は笑ってみせた。

「私はそれに答えて、自分も笑いながらも、つんと鼻が痛くなるのを感じて、涙にぬれた眼を閉じた」という一文を読んで、何となく、この目頭が潤んできたことが忘れられません。

家庭裁判所の調停委員からお聞きした話。

ある婦人が「離婚しましたら、財産は半分ずつにすることが出来ますか？」と聞き、「それは法律上、当然出来ます」と答えたものの、気になって、夫婦の年齢が大きく開いているので聞きますと、「はい、私は後妻でして、三年程前に結婚したのです」と言う。

そこで、委員の方が「奥さん、離婚の時、財産が半分ずつに分けられるのは、若い時から二人で苦労して、共に作り上げた財産だから半分ずつに出来るのですが、三年前に後妻に来ただけでは、あまり財産を分けるとかいうようなことは出来ませんよ」と話されると、その奥さんは至極あっさりと、「そうなの。じゃ私、離婚は止めます」と言って、そのままあっさりと帰って行かれた。

柴山全慶（しばやまぜんけい）師は、「愛は惜しみなく奪うという、不幸な愛がある。真の愛は、与えても与えても、与え切れない所にうるわしさがあるのではなかろうか」と言われています。

縁（えにし）

太平洋戦争後の実話ですが、揚子江（ようすこう）沿岸のある都市で激戦が行なわれた時、相当数の現地住民が中国兵と共に殺されたということがあり、終戦後、これが問題となって、現場を捜索され、その時の直接関係者として、その戦闘に加わっていた某中隊長が戦犯者として捕えられ、遂に裁判の結果、死刑が確定しました。

ところが、この中隊長はもともと浄土宗の僧侶であり、招集された将校であって、生え抜きの軍人ではなかったのですが、上官からの命令で、止むなくその時の処理にあたっただけで、実際には何の罪もない方だったと言うのです。

しかし、その辺の事情を明確に証明する手掛かりの証拠が何一つないために、どうすることも出来ない立場にあったのです。

でも幸運なことに、その殺害された人々の遺骨を改葬するため、その埋没地を掘り起していたところ一本の卒塔婆（そとうば）が出てきたので、「一体、これは何か」ということになり、段々調査したところ、すでに死刑を宣告されている某中隊長が、もともと宗教家であったために、埋葬される不幸な人々の冥福を祈り、心からその菩提（ぼだい）を願った証拠品であることが明白となり、さっそく無罪を宣告されたのみか、その怨親平等（おんしんびょうどう）の精神をたたえられたということです。

つまり、一本の木の卒塔婆が『縁』となって、事件は一転してしまったのです。

本当に『縁』とは、いかなる時いかなる場所においても、現実的な力として、私達の生活に不動の影響を及ぼしているものなのです。言わば私達の人生は、望むと望まざるとに係わらず、是非ともに縁起（えんぎ）（物事には必ず原因があり、結果があるということ）の大きな流れの中にあると言えるのでしょう。

善因があるから善果があり、悪因があったから悪果が起こるのだということです。

名付け

全く思いがけない所から、とんでもない頼みごとが入ってくることがあります。そのうちの一つに『名付け』が、そうなのです。私の名は、亡き母が私の出家する時に付けてくれたもので、自分でも気に入っております。この頃に母から名付けの心得を教えて貰いました程度ですが、少しでもアドバイスになればと思います。

（1）語感が大事です。姓名と名前とがちぐはぐであったり、何と読むのか判断しかねるのも困り物です。姓と名が続いて出てくるようなのが、読みやすく、呼びやすく、覚えられ良いのが一番です。

中には「外国の人が帰化したのかしら？」というような名前の人も居りますが、それは女の子に付ける時が多いようですね。「可愛い娘になって欲しい」と願うのは良いのですが、その娘は、いずれ老婆となることを忘れているようです。若いうちは良いとしても、五十、六十になっても外人さんのような名ではちょっとと、思わざるを得ません。（私見です）

（2）余りに凝り過ぎた漢字を使うのもどうかと思います。いちいち説明するのもうんざりでしょう。親御さんの気持は充分解かるのですが…。

（3）女の子に関してですが、姓をあまり考えなくても良いと聞きました。基本として娘は嫁に行き、姓が変わるし、当然字画数が違ってくると言うのです。何故、画数が影響するのかは私にも解かりませんが、「九画だけは外しなさいよ」と、厳しく言われたのを覚えています。

そう言えば、新聞等で事故の所を読むと、大抵が女性に『美』の字が着いているのが多いと感じるのです。九画に関連して、名前が一字という人が居られるでしょう。その時は八画にしてはいけないそうですね。これも何故かは聞きもらしましたが、栄光と落ちるのに差があり過ぎるからとか、危険な目に遭いやすいなどと覚えています。

といって、猪熊虎五狼じゃ、あまりにも勇まし過ぎて名前負けになってしまうし、トラやクマ、果てはトメ、スエでは、ちょっとね。

親の願いを込めて、「こういう子に、こういう大人になって欲しい」と付けるから良いのでしょう。余計なことですが、その子が一生背負って行く名前です。もっと、真剣に考えないといけない気がします。

春を探しに

山のあなたの、空遠く、さいわい住むと、人の言う…。

若い頃によく暗唱しましたね。本当に「あの山を越えて行けば、どこかに素晴しい幸福を与えてくれる所が、何かがあるに違いない」と、そんな思いにかられたことがありませんでしたか。

チルチルとミチルの話も、確かにそうだったように思います。「幸福の青い鳥」を探しに森の中へ、山の向こうへとさまよい歩くのでしたね。

探　春

尽日尋春不見春
芒鞋踏遍隴頭雲
帰来笑捻梅花嗅
春在枝頭己十分

という漢詩があります。拙(つた)ない訳ですが、春が来たと言うので、終日、毎日春を探しに行ったが、巡り逢うことが出来なかった。ワラジや靴もすりへって地の果てまでも行ったのに。疲れて吾が家に帰って、庭の梅の木を摘まんでみたら、春はもうこの梅の木の先に、充分過ぎるくらいの春になっていた、ということでしょうか。

古人は、咲いた咲いたについ浮かされて、春を訪ねて西また東、ワラジを減らして帰ってみれば、庭に梅花が笑っていた、と実に上手く歌いました。

求めて行くものは幸福なのでしょうか、楽でしょうか。それともお金？　名誉？　色々あることと思いますが、この詩の心は「外に向けて求めさまようよりは、自分に、真実の自分に出逢いなさい」と教えられているようです。

仏教の世界から言いますと、「あそこの神さんがありがたい、こちらの仏さんがご利益があるとかではなく、自分の心の中を覗いてみて、自分の中にある仏様の世界＝仏性（ぶっしょう）というものに出逢いなさい。それが一番大切なのだよ。どこかにあると思うのは、人の計らいというものであって、迷いの元になるのだから」と言われているようです。

静かに、自分を振り返って見る時間を作りましょう。

毒語

ある会合が市内であり、長年の活動に表彰と宴がありました。お酒も進んで随分と盛り上がっております。その日は少し気分が優れなかったので、座ったままでした。多くの人は座を立ち、注いで回ったり、マイクを握ったりと、大賑わいのうちに歓談しておりますと、一人の方が私の前に座り、お酒を勧めてこう言いました。

「アンタとこの子供さん達は偉いなあ、感心するよ。あの寒い毎日、家の仕事とは言え、出来るもんじゃない。アンタは偉くないけどもな。アンタは偉くないけど、子供らは偉い！…」と、しこたま私の伜達をほめてくれたのです。が、しかし、何という品性のないほめ方だろうかと、またまた気分が悪くなったのです。「子供をほめるということは、親もほめているのだよ」という、パラドックス（逆説）的な言い方をしている意味、気持ちなのでしょうが、それでは芸が無さ過ぎますよね。

人の悪口や陰口は何とも言いやすいものですが、それに反して、ほめ言葉というのは言いにくいものです。善所・長所は解かっていても、日頃から使い慣れるというか、よく注意をしていないと嫌みになるものです。

仏教の世界で、こうした『ほめ言葉』は、独特の表現で、『毒語』と言います。恋する娘さんに「あの人が好きでしょう?」と聞きますと、全く反対の「あの人、ダイッ嫌い」と言うことがあるでしょう。

これが、毒語。そういう表現で、相手を最大限にほめ上げるのです。こうした毒語の使われ方は、特に禅宗のお坊様の間でよく使われました。

でも、私達はそういう特別なことでほめ上げなくても、素晴らしいことに出逢ったなら、素直に「エエナァ！」とか「うまいなァ」とか、すぐ心から言葉に出してほめたいものです。遠回しの表現は、時として何の意味も無く、相手に響くこともないでしょう。

ほめ上手の人と逢っていると（私はお調子者ですから余計に）、気持ちの良いものです。

適度の緊張

この地でもう何回も会を続けている落語家さんに、桂雀司(現・四代目桂文我)さんが居られる。私のお寺でしている素人の落語会がご縁でお知り合いになり、各地で開く彼の落語会にも特別出演のような形で対談することがあります。

開演までの間、待つ所といえばもちろん、楽屋とも言えないような所です。そこで時間が来るまでの間、それぞれが本日の出し物を繰り返し、呟いては本番に備え、その側では三味(しゃみ)を弾くお姐さんが調子を合せて爪弾(つまび)きます。まるで、自分の高座を第三の眼で見ながら、「これで良いかな? ここは間違いやすいな」と、自問自答しながらの風景です。

そう言えば、思い出したことがあります。青年会議所が武田鉄矢氏をコンサートで招いた時、やはり控室での鉄矢氏は、ステージに上がるまでプレッシャーを感じていたと言います。あれほど何度もステージに上がり、もう充分に慣れているであろうと思うのに、今なお、その前にはある種の緊張感を持っているというのは当然とも思い、また、凄いなとも感じるのです。これは聞く人が常に違うことと、一回一回が氏達にとって真剣にしなければならない、プロ根性と言っても良いものだと思うのです。

これを私達に置き換えてみれば、今日という人生の中で、たった一日、それも二度と帰ってこない一回こっきりのこのステージ。そして、生きている、人生を歩むプロでなければならないはずです。

もしも、この一日を何もせずにボンヤリ過ごしてしまっているとしたならば、どこでどう償えば良いのでしょうか。これが歌手や落語家さんがステージで何もせず寝転んでいたら、すぐに「金返せ!」と怒鳴られることでしょう。

私達は、そんなことは言われないでしょうが、自分に恥じるという気持ち、取り返すことの出来ない貴重な時を考え直さなくてはもったいないことです。病気で伏せっている時は、充分病気と付き合うことが一番良いし、動ける時は人のためにも、自分のためにも、充分生きることでしょう。

それも、適度の緊張感を持って…。

徳が顔に

もう何年も前のこと。松阪でお寺の会議がありましたので、正装して、と言っても背広の三ツ揃いを着て行ったのです。春ということもあって、お城を散策して下りてきました。あの近くに交番があるのです。そんなことは関係ないので、ブラついて歩いておりましたら、警官が二人、私の側にやって来て、「君、身分証明書を見せなさい！」と、少々キツイ一言がありました。

運転免許証を出しますと、「何の仕事をしているのか」と質問。「お坊さんです。会議がこの近くでありますので」と答えますと、破笑一言、「アアそうですか、どうぞ」と促してくれました。

何やら、後味悪い物を感じておったのです。

さて、そのことをすっかり忘れて、用事があり紀伊長島町へ向かう途中、町の造船所（ドック）が見える所で大渋滞。検問していたジュラルミンの盾を持つ機動隊員の一人が、私の車をパトカーの横へ動かせました。見ると、パトカーの助手席では、多分、上の方でしょうか。リストと私の顔を見比べていました。隊員は私に免許証の提出を求め、「北浦町で、何をしているんですか？」と聞く。

またもや私は「坊さんをしています」と言いましたら、上官に向かって、「お坊さんだそうです！」。その時、私は作務衣（僧の仕事着）を着ていたのですよ。それを、ようもまあ。そして「ご苦労様でした。お気を付けて」と、慇懃無礼に敬礼。

車を走らせてから、無性に腹が立ってきた。頭髪を短くしていたら、剃っていたりしたら、それはもう要注意人物なのか？　私の顔はそんなに、その類いの人達に合っているのかと、ムカついてムカついて。家に帰ってその話をしたら、まわりの人達は腹を抱えて笑っていた。

人の顔や言動に『お徳』というものが出ると言われるが、そうすると、私は徳のない顔立ちをしているんだなァと、つくづく鏡を見たことです。

それにしても、何となく釈然としないものが、しこりのようなものが今だにあるのであります。残念！

それから私は背広を捨て、着なくなりました。アア……。

自然の中

本堂の前に、私の大好きな「枝垂れ桃」があります。ピンクと白に染め分けがあり、春には、まるで優しい娘さんのように咲いてくれるので心が和みます。その下には、芝桜が絨毯のようになって、芽を持ち上げて咲こうとしていました。

ある俳句会の人達でしょうか、数人がお見えになり、句を考えておられました。そこまでは良かったのですが、桃の花を見つめては考えている一人のご婦人。両足は、しっかりと芽を出している芝桜を踏ん付けているのです。

花の句を考えながら、花を踏んでいる。これは「句を作る以前の誠意の問題だな」と思いました。

松原泰道（まつばらたいどう）師の奥様は茶花を育てていましたが、心ない人が踏み込んで荒らすのを見兼ねて、立て札を一つその花の前に小さく立てました。

そこには、「私が、ここに居ます」と。

まだ解からない人が居たとみえて、「私が、ここに居るって、一体誰なんだ?」と、まわりを見回したそうです。

自分にも心があれば、花にも心がある。言葉は言わなくても、心はある。

自然の摂理や、人間の素晴らしさを解かった人が森や林や野原を歩いていると、自然の方から、小さな草花が、その人の来るのを知り、「見てくれ、私を見てくれ」と咲いていてくれるそうです。待っていてくれるそうですよ。

解からない人は、どんなに綺麗な花が、自然があったとしても、「フーン」と軽く見過ごしてしまうだけで、心の開発が出来ないままだと言います。

人間も自然の中の一つの存在なのですから、もっと謙虚に接することが大切ですね。

素晴らしい自然の風光に出逢えた時、大声を出したくなる時があります。または全く感心するばかりで、一言も出ない時があります。その時、自然とあなたとは一体になって、くだらないことは全部忘れているでしょう?　それが、仏の今の心を生きている時なのです。

そんな時を、沢山持ちたく思います。

本山霊地

日本の仏教を建てた祖師方（そしがた）はいずれもお山に籠（こ）もって、ご修行を積まれ、本山と呼ばれ、今も連綿と人のお参りが続き、絶えることがない。

例えば、空海（弘法大師）は高野山という樹の国奥深く、鬱蒼（うっそう）とした杉木立ちの中にある。

曹洞宗の祖である道元禅師は、福井の庄に庵を結ばれ、春でも雪が溶けないという、永平寺でご修行なされた。

比叡のお山で籠もっていた若き最澄は、京に都を築くため、山々を巡っていた官使に見つけられて、京の町の幽谷深山を国家守護の道場として、弟子教化（きょうけ）にあたられたし、宗教大学の役を比叡山に作られた。

日蓮聖人は、佐渡より帰ると山梨の身延に引き籠もり、霊山と称して、弟子に法華経を弘通（ぐづう）し、身延山久遠寺とする。

出羽三山、那智山、大峰山、いずれも霧立ち込める山々の中を目指されたのは、何故であるのかと思う。

修行の邪魔をされないためか、自己開発のための瞑想の場かと思うが、どちらにしても、思い付くのは空気の綺麗であること、濃厚であることではないかと思う。

頭の働きを良くするには、澄んだ空気＝酸素であり、光の透明なことが必要なのでしょう。

その頃から考えると、今はその半分以下？　もっと酷いのかも知れません。毎日が森林浴で粗食に甘んじられたのだから、私達と違うのは当り前のこと。

コレステロールなんか問題にもならなかったろうし、独特の感性を磨かれたのだろう。

だから、祖師方がおられた場所、歩かれた道には、得（え）も言われぬ磁場のようなエネルギーがあるのだと思う。

人は、それに引き寄せられてお参りをし、心がフレッシュになって行くのだと痛感する。そこには祖師が、未だに生きておられるから。そのエネルギーを感じていたいと思うのです。

どのお寺でも『○×山（さん）』と付くのはそういう意味ではなかろうかと、時折、考えております。

照るかげる

日本の古典芸能に『能』がある。詳しいことは知らないが、主人公をシテと呼び、脇役をワキと呼ぶ。そして、面（おもて）を付けずに演ずる時を「ヒタ面で…」と言うそうである。

私の気を引いたのは、師から教えて貰う時には、一分一厘の間違いも無く、手を翳（かざ）し、足を運び、「顔の角度は、こうで」と決められている。

それを「私は、こう表現する」と言って、少しでも違う角度にすると、全く様にならないと言うのだ。「何も考えずに演じよ」と言われても、何も考えずにしようと考えているし、そこを叱られるという。

何と厳しい世界であろうかとも、感心した。

少し上手になってくると、狎（な）れが出てくるのか、決められた角度の頭が少しだけ、それも、ほんの少し、上を向く時があるそうな。それを、その世界では『照る』と言って、悲しみの場では悲しみの表情にならず、喜びの所では喜びの顔にならないらしい。

また、その角度を少し下げた時は『かげる』といって、これも必要以上の面持ちとなって、充分に能の世界を、演者の気持ちを表せないともいう。

そういえば、人と逢って話をしている時、『照る』という程ではないが、アゴが上がっている人が居る。そういう人は『うぬぼれ』が強いのだとか、『生意気』で『プライド』の高い人が多いなどと聞いたことがある。そう思って注意して見ていると、妙な自信や、人を見下している人が多いし、上に弱く、下に強い態度の方が目に付いた。

『かげる』人、ほんの少しうつむきの方は、どうなのだろうかと思ったが、あまり見あたらないが、目を逸らす人がそうなのだろうか。

人と接する時には顎も上げず、下がりもせず、面(おもて)を付けずに演じるヒタ面のように、その人を見つめて話したいと思う。

顔を逸(そ)らせたまま話をされたりするのは好きではないし、決して良い印象は残らないだろう。現実に目を背(そむ)けず、自分の心にもヒタと見すえて生きていたいと深く、能から考えました。

ありがたい

先年、インドの仏跡参拝の旅から帰る途中、時差と旅疲れもあって、多くの人はシートに身を横たえていました。私は滅多にない、こうした機会はないものと、翼の真下に広がる日本の地を遥か上空より見たくって、眠たいのを我慢して起きていました。機の下は雲海が広がるばかりでしたが、紀淡海峡からは実に気持ち良く、紀伊半島が広がっています。

思わず出た言葉が「地図そっくり！」。

これはおかしいね。地面の方が本物で、地図の方が作られた物だから。でも、これしか言葉が出なかったのです。

二月に参りましたので、大台ケ原、鈴鹿山脈などは、灰色とも紺ともつかぬ色で、正に地球は丸いし、大きいなと感動のフライトです。

そして、突如「何と緑の多い国だろう」と。思い返せば、ガンガの流れは、いつも赤茶けた色をし、大地はやせて、人々は一番手軽な燃料である樹木を切り倒して行くので、砂漠化が進んでいると、深く感じていたのです。

二千年以上も何ら変わることのない牛車や、暮らしを見ても、彼らは貧困であるという気持ちはありませんでしたが、妙に緑の多さに安心感を得たのは本当です。

帰国して、空港の静かであったこと。そして、清潔であること。全くの異次元に、飛び込んだ気持ちでした。

そして、何と有難(ありがた)い国であることかとも。働いていれば、食うに困ることもなかろう。

むやみやたらに命を狙われることもないし、武器を持つこともないし、戦争が起こっているという訳でもなく、みんな、家に帰って、安らかに休むことが出来ている。

こんな安全な国に生まれて、ましてや、五体満足であるというのに、これ以上、不満や不平を言っていいものだろうかと思う。そして、もし「あァ、そうだなあ」と思ってくれたら、「ご近所とお互いが、上手く行くようにしたいな」と思うのです。自分だけの有難さで終わるのではなく、次にはまわりの人々と、良い関係を持ち続けて欲しいと思っております。

十七文字

彼は私に「私は俳句は宗教だと思うんですよね」と、余りに唐突に言ったので、少し驚きました。

しかし、よくよく考えてみるとそうなのですね。特に禅門の教えでは、「今まで修行した心境を一句で言え」とよく言われます。今まで、こうして修行の中で「こう考えて…」などと言ってたら、それこそ張り倒されます。常に「自己研鑽の一句を言え」と迫ってくるのです。多くの祖師方や、自己に目覚めた人々は、必ず一句というか、一言を持っているものなのです。

江戸時代の盤珪禅師は、『不生の仏心』が全てであったのです。

仏教詩人の坂村真民さんは『念ずれば　花ひらく』がそうですね。これはお母さんがいつも言っておられたということですが、お母さんも誰かから聞いて、自分の物にしたのでしょう。言った人はまたその誰かに…と続けて行けば、行き着く所は『仏さま』から来た言葉・一句と言って、差し支えないと思うのです。

それが自分を支えてくれ、また、はげましてくれる真実の言葉ということにもなります。

真実語＝真言＝杖ことば、という図式になりますね。

日蓮聖人は「南無妙法蓮華経」、これが全てでした。

法然上人と親鸞上人は、阿弥陀の本誓願に身を投げ打つとして、「南無阿弥陀仏」と唱えられた。

弘法大師を慕う信徒方は、四国巡礼の時にかぶる笠には、大師と一緒に巡るというので『同行二人』と書き、口には「南無大師遍照金剛」と口ずさんで八十八ケ所を回る。

俳聖の芭蕉と言えば、すぐに二、三句は頭に浮かんでくるし、山頭火と言えば、この句であるとかが、すぐ解かる。

では、私達にとっての一句とは何か。私の今までの人生の中で、そして、今の心境を真実語で一句、五七五でも良い。「サア、言え」と言われたならば、とても困ってしまう。

『持っていないからなんだな』と、思い直してしまいます。

その一句を見つけ、自分の物にすることが人生の意味でもあるし、宗教であると言えると思います。これこそはという一句を持ちたいですね。杖ことばを……。

おかげさん

ガソリンスタンドに勤めている彼は、雨の日も風の日も、それこそやって来る車と人を相手の毎日です。今日も、いつものように夕方になると、高校生の新聞配達のアルバイトが新聞を配ってきた。

彼は忙しい中ではあったが、つい「ありがとう」と言った。

すると、バイト学生は少し驚いた様子で「アッ、ありがとう」と答え、新聞を置き去っていった。

次の日の夕方から、この二人の挨拶は続くことになったのですが、いつの間にか、そのガソリンスタンドで働く人々みんなが、その学生の配達に「ありがとう」「ご苦労さん、そこへ置いといて」と、声をかけるようになったと言うのです。でも、それだけで終わることはなかった。更に、お客さんに「一声」ずつ、言葉のかけ合いが広がって行ったのです。今もこの良いコミュニケーションは続いていると言います。

あるお婆さんは口癖で、「おかげさんで」と、いつも言い続けていました。「おかげさんのお婆ちゃん」と蔭口をたたく人も居ましたが、多くの人は、お婆さんと朝夕の挨拶をして、世間話をしていたのですが、寄る年波に勝てず、浄土へ召されて行った。

お婆さんの亡き後、余り思い出す人もなかったのですが、いつしか自分達が「おかげさんでナァ」と言っていることに気付いたのです。

そして「おかげさんのお婆ちゃん」が、いつも言っていたのだということも思い出して、心に思うことがありました。

「おかげさんで」という一言があったから、「ありがとう」という一声かけるということから、全ては始まったのだと…。

お婆さんという存在(命)はなくなっても、魂というものや、想い、願いというものはなくなることはない。いつまでも、人の心の中に、その言葉が、生き方が残るのです。

一声、一言を出さなかったら、このように波紋が広がることはないでしょう。

お金の要ることじゃない。

ほんの一言で、人は救われて行くものだと思います。

質直意柔軟(しちじきいにゅうなん)

人は目には見えないもので繋がりを保っていると言って、差し支えないと思う。言葉もそうであり、いのち、愛、こころ、徳、人格などもしかり。時として、それは形に示し表すことが出来るが、まずは見えないものである。

今日は、その『お徳』について、筆を進めてみようか。

同じ科白(セリフ)を、同じような年齢の幼児が「おこづかいちょうだい!」と言ったとしようよ。そうするとね、こちらの児には「よしよし何かあるかな？　一寸待ってね。見てみるからね」と、頭の一つも撫でてみるでしょう。

お菓子やアメ玉ひとつでもあげて、「可愛いなー」と見つめる。

あちらの児が同じように「お菓子ちょうだい」と口に出した途端、何となく、本当に何となく、『ムカッ』とくる時があるものなのです。

「誰がお前なんかにやるか！　あっても絶対やらん！　むしろ、頭を一発！」と、ここまでは思わないにしても、あげたくない気持ちが起こるのは否めない。

これはどうしてか。その児たちは唯々、心の赴くままに口にした言葉であるから、親に躾けられたことでもあるまい。とするならば、『持って生まれた業』が、私達に何かを起こさせるのである。そうしたものが、『徳』といわれるものではないだろうか。

同じような忠告であっても、素直に聞ける人と、反抗心を煽る者とがいる。徳心のある方とお逢いすると、協力したいと思い、話を聞きたいと心を動かすし、お顔を眺めているだけで安心するものです。

それではどうしたら、その徳というものを積むことが出来るか、身に付かせることが出来るのだろうか。

お経の中に『質直意柔軟』＝『どうでも良いものを捨て去って、柔らかい、潤いのある心を持つこと』と書かれている。受け入れるということか、また、感動を忘れないということであろうか。

いずれにしても、心しなければならないことではある。

五戒

若い女性から手紙が届きました。曰く、「私は仏教が大好きですし、お寺にお参りすることも大好きです。でも、仏教には『五戒』というものがありますね。守ろうと思っていましたが、その中の一つに『不飲酒戒』があったのですが、職場の付き合いで酒席に出ることになりました。でも、同席の人達ととても打ち溶けて、心地良く時間を過ごしたのですが、戒を破ったという気持で悩んでいます」という内容でした。

そこで私は彼女に解答を出しましたが、このコラムにも、それを改めて出してみようと調べてみました。

自分の行為を慎む戒律として、五戒があります。

一、不殺生戒。

解説によれば、「生命ほど、尊いものはないのであるから、たとえ、蟻や蝶のような小さな虫でも無益に殺してはならぬ。この心得を以て、人間各自の生命を尊重せねばならぬ。自ら摂生を怠り、不養生をして、生命を損ずるようなことも、殺生罪を犯すものと心得て、深く慎しまねばならぬ」とあります。

人間は植物と言えども、その命を頂く訳です。米、卵、肉、水、こられを食べないと、生きて行くことが出来ない訳ですから、与えて下さった大いなるものに感謝し、体のためになるように、その命を良き方向に使わないともったいないことです。

釣りの好きな人は、釣った魚を「美味しい」と言って、全部食べてあげることでしょう。

欲しいからといって沢山捕り過ぎ、腐らせるような無益な殺生をしてはいけないことであると言うのです。

ある人が「ライフルの免許を取ろうと思うが、どうだろうか？」と、聞きに参りました。

「出来ることなら止めて貰いたいが、狩りの獲物は余す所なく食し、使ってやることで、供養となるのだから、心してしなさい」と、話したことがあります。

芥川龍之介の小説に『蜘蛛(くも)の糸』というのがあります。

踏み殺さなかった徳により、地獄から極楽に生まれ変わろうとするのですが…。

一度、お読み下さい。

もったいない

二、不偸盗戒(ふちゅうとうかい)。
生命に次いで尊いものは財産であり、財産は人間の汗の結晶であり、第二の生命である。

これを盗んで、人を苦しめる罪の恐るべきことは言うまでもない。ここでよく考えねばならぬことは、借りた物を返さぬことや、故意に怠業(たいぎょう)し、または能力が足らないでいて、自分の労働以上の報酬、手当、俸給(ほうきゅう)を受けることも偸盗罪(ちゅうとうざい)を犯すものであるということである。

このことは、字面(じづら)だけを見て、盗みをするなということだけではないと思う。

例えば、聞いた話で恐縮ですが、確実に明日には相手の所へ届く郵便物であり、その上、それ程急ぐ重要な通信でもないのに、書留にしたり速達にしているのを見て、それを窘(たしな)めた所、「会社の金だから良いんだ。もっと使おう」と言ったとか。よく考えてみれば、会社の金は、その人も稼いだ金ということが出来る。

結局は、自分の金を無駄遣いしているのになァと、そこに思いを至って欲しいのです。

「他人の物だから、もっと使ってやれ」というセコい根性がある限り、その人の精神は幼児よりももっと低いものなのでしょう。

今の若い人達の評判は良いことはありませんね。いつの時代でもそうだと思いますが、特に『新人類』と言われる人達に「もったいない！」と言うと、鼻でせせら笑うそうですが、いつかはこの笑ったことのツケが回ってくるのじゃないかしらね。

「俺はこの会社、腰掛けなんだよ」と放言した。これが社長の所まで流れて、社員を呼んでこう訓示した。

「君は『この会社は腰掛け』と言ったそうだが、それについては私は何も言わない。大事なのは君のことだ。腰掛けと言う限り、君の仕事は手を抜いているのだろう。新しい会社に入っても、もし気に入らなければまた腰掛けとするのだろう。そこに君は自分を高めて行くものがあるのかね。そんな気持ちでいる限り、社会は決して、君を必要としないぞ！」と話しました。彼は変わったのだろうか？　新人類は、出来るだけ楽しくて、金が沢山手に入り、ウマイ物を食べて、楽しいことばかり。

そんなことが、どこにあると言うのだろうか。

無言の多言

三、不邪婬戒（ふじゃいんかい）。

解説には「第三に尊ぶべきことは性の問題である。性の問題は、種の問題に関わる事であって、これを乱す事は人倫道義（じんりんどうぎ）の破壊であり、これを欲しいままに享楽（きょうらく）的な考えで乱交する罪の恐るべきことは、多言を要せぬことである」。

戒と言うと、すぐに「してはいけない」ばかりと取られそうであるが、逆の解釈をすると、「それを守りなさい」ということになる。夫婦は出来るだけ会話をし、心の価値観でいたいと思うのです。だから、ケンカになったとすれば、どちらかが自分の考えを押し付けているのだと思うし、「もう、今までの生活や考え方や行動では駄目ですよ。生き方を変えなさいよ」ということではないかと思っています。

浮気というのもそうでしょうね。『自分は女性にもてている』と思っているが、錯覚しているのがほとんどだと思う。問題が起こるようなことをしているから、家庭不和となるのであるしケンカとなる。

隠れてするから面白いし、スリルを感じるのだろうか。

吉川英治さんと娘さんが丘の上に腰かけ、下に広がる村の風景を眺めていました。

少し離れた所に老夫婦が小さなオニギリを食べており、同じように村々を眺めていたそうです。

夕暮れになったので、この二組は別々に道を下っていったのですが、その途中、娘さんは父の吉川英治さんに、「あのお爺さんとお婆さん、ずっと居たけど一言も話さなかったネ」。

すると、英治さんは娘さんに「言葉は聞こえなかったけど、あの二人は、耳には聞こえない沢山の話をしていたんだよ」と言ったそうです。

こうなるまで、どれだけの話を交わし合ってきたことでしょうか。話し合いがあったからこそ、同じ風景を見ていても、同じ心になれて、無言の対話になっているのだろうと思います。

あまり我を通さず、お互（たが）い様での心で、こんな夫婦になりたいと思います。

責任転嫁

四、不妄語戒（ふもうごかい）。

妄語〔うそ〕を言うことは、誠実を欠くことであり、『ウソは泥棒の始まり』とも言われる。道義・人情を破り、秩序を乱し、自分を滅ぼし、社会の福祉を破壊する恐るべき罪悪である。

右の解説は三十年も前に書かれた物であるから、表現にいささか堅い所があるが、本意は同じである。

私は、この妄語〔うそ〕の他に、『迷信』を加えたいと思う。

戦後、今までの仏教とは違った宗教が沢山出ました。これを新宗教と呼んでいたのですが、現代は『新新宗教』の時代と言われています。

物質が豊富になったのに、一向に人の心は低迷し、まじないや、何の根拠もない迷言、人の心を逆撫でするような言葉や行事が横行し、オカルトのような物がはびこっているのは悲しい。

家族中がみんな、それぞれの事故や病気が重なったりすると、「何かのタタリではないか」「今日は日が悪いからじゃないのか。やっぱりウルウ年だから」と、自分の気持ちを納得させるために、ありもしない所に責任転嫁させるのは、迷信を生みだす源でもあるし、心が貧しいという他はない。

不安にかられるから、原因を他になすり付けたい気持ちは解からぬでもないが、あまりにも短絡過ぎるのではないか。

お釈迦様が最初に開かれた悟りの法は『因縁（いんねん）』である。

「物事には、ある現象があれば、必ず原因という物があるのだ」と説かれた。生きているということは生まれたからであり、そして、いつかは死ぬのだということ。以前、見た映画の中で、絶対死なない人々がいる国があった。そこでは老いて行く自分を見て『どうすれば死ねるか』が問題であった。

私達は必ず死ぬのであるから、今度は「どう生きれば良いか」を、自分に問わねばならないのである。

どう生きるかという問題が与えられ、その私に許されている時間の限度(死)は、いつであるかも解からないのに、迷信やウソをついたり、それにこだわっている時間や暇などは全くないと言って良い。むしろ、自分の生き方に気を使ってみる方が良いのではないでしょうか。

人を飲む

五、不飲酒戒。

解説書には『身体を損ない、精神を乱し、自分を傷付け、他人を煩わし、財産を失う、実害の最も甚だしい物は酒であるから、特に酒を飲むことを戒めるのであるが、過食美食のために健康を損ない、生命を失うことも、また大いに反省せねばならぬ』と。

この項に就いては、私は何も語ることが出来ない。しかし、「これを書いた人は、きっと酒嫌いであったのではないかナ」と独り言を繰り返すのみである。

酒を飲むなということを言うと、今では受け入れられないから、せめて「良いお酒の場にする」では如何でしょう。

人、酒を飲み
酒、酒を飲み
酒、人を飲む

という現象が常だから、戒められたのだと思います。

禅宗のお寺には山門があります。その手前には必ず石碑があって、字が彫り込んでいます。曰く、『不許入葷酒山門』。

『くんしゅ山門に入るを許さず』と読み、『葷[くん]』とは臭い食物であり、当然酒も入ってはいけないというのであるが、ある人は読み方を変えてみた。

『許さざるに、葷酒山門に入る』と。一向に許してはいないのだが、葷酒が入ってくるのだよ、しょうがないね。

ところで、「般若湯[はんにゃとう]を飲むかね？」となり、和尚さんに一献勧められたというのですが。

般若湯は、智恵の湧き出す水という意味。『百薬の長』とも呼ばれ、はたまた○○○○水（禁止用語なので失礼）などとも名前が変わる。

ことほど左様に名前が変わり、種類も多く、飲み方も千差万別なのは、他にないのではないか。人類の発達と共にあるのだから、無くなることはないでしょう。そしたら、飲み方を変えるだけということになりそう。

飲むに連れ、眼がすわり、腰がすわりっ放しというのは怖いから、楽しい酒席が一番良いということ。あまり、戒にこだわらずに行きましょうか。こんなこと、坊さんが言って良いのかしら？

陰徳

『人は、必ず陰徳を修すべし』という言葉があります。人は必ず、人に知られない所で徳を積むべきだと言うのです。どんなに良いことをしても、それを人に知られるようにやったらそれは徳にはなりません。人を助けるのでも、わざわざそのことが相手に解かるようにして人を助けるのは、「陰徳」とは言わないと言うのです。

人間というものは、良いことと、悪いことには、必ず執着が付きまとうものですから、良いことをしたという執念が付きまといます。同じように、悪いことをすれば、悪いことをしたという執念が付きまとう。悪いことをしたなという執念が起こる方は、「俺は、まだ悪いことをしてはいけないな」という方向に向いてくる可能性があるから、まだ良い。

ところが、良いことをした時、「自分は良いことをしたのだ」という自己満足を抱くと、これは中々抜けない。

「良いことをしているのだから、どうして、それを人に知られて悪いのか」と思うし、どうしたって、人に知らせたいと思う。考えれば、徳を積むということは両刃（りょうば）の剣のようなのである。

世の中には、『ついている人』がある。これは人に知られず、陰徳を積んでいるからではないでしょうか。こっそり人に知られない所で、良いことをしている。それがちゃんと報（むく）いてくる。そこが、人生というものの面白さでもある。

家の側に、お地蔵様でもあったら、そこを通る時、手を合わせて通ったらいい。時々行って、花や線香を手向（たむ）けるともっと良い。どんな粗末な仏像でも、仏像という物は信心によって作られた物であるから、拝まなくてはいけないのである。拝めば、拝んだだけの功徳がある。

首の取れた仏様、鼻の欠けた観音様など、道の端に放ってある物を供養している内に幸せになるということは、確かにあると思う。

そうすることによって、その人間の心も、体も、生活も変わって行くのである。

しかし、それだけではない。もっと別の大きな力が、その人に働きかけてくるのだ。

磨いたら

私は近頃、怒っている。何に対して怒っているかというと、娘さんへのアンケートの結果であるが、最初は驚いていただけだったが、段々と怒りが込み上げてきた。人事だと割り切れば良いのだろうが、そうは行かない。

娘さんのほとんどが、包丁を持ったことがない。包丁が怖いと答えている。その上、「お頭付きの魚の目が私を睨んでいるし、気味が悪い」と言い、出汁(だし)の取り方がいくら説明しても解からないというに至っては、二の句がない。

母親の方も『どうせ、手伝わないから』と諦めているのか、教えようともしないし、娘の方も教わるという気は更々(さらさら)ないと言うのだ。

綺麗な物を着てもてはやされることを望み、ワインの年代と名前はやたらに詳しく、フランス料理の名前なんぞを聞くと、(私は)頭が痛くなる。

楽をして、お金が欲しくって、乱暴な言葉使いと、メチャクチャな運転マナー。迎えて貰うのは大好きで、人を迎え楽しませる努力は一切ないのはどういうことだ。

私は、日本人が本来持っているはずの情感を大切にしたいと常々思っています。季節には相応しい行事があって、その準備にも心をくだき、おもてなしをし、共に喜ぶ心の世界があったのに、いつしか、そうした行うべき時期に行うべきことが廃(すた)れてしまうのは、悪くなるとは言えても良くはならない。

正月、節分、春、夏祭り、お盆、彼岸、年末と迎春の用意。それぞれに忙しいが、それをしないと、心なしか淋しかったものだ。

日本人だけが、こんな温まま湯に浸っているのではないだろうか。何も知らないで「パパ、ママ」と呼ばれて行くとしたら空恐しい。何故なら、恩とか、愛とか、言葉、徳などというのは形のない物だから、見える物しか信じない感覚で進んでいると、自分さえ良ければという世界が出来上るから…。

「知るは楽しみであり、知らないのは罪である」と誰かが言ったが、そうだなと思う。

「磨いたら　磨いただけの　光あり　性根玉でも　なんの玉でも」と言ったのは、吉川英治さんだったか…。

勘違い

お盆雑感

お盆に一軒ずつ、檀家さんや信徒の方の所へお参りするのを、棚経参りと言います。ある所で和尚さんが「棚経に、お伺いします」と連絡したら、「そんなにまでして、布施が欲しいのか！」と怒って電話してきたとか。

大きな間違い、勘違い。あなたの命をくれたご先祖のお供養をするのです。むしろ、喜んでお坊様を迎えないと、いつか罰が当たると思う。

罰が当たるんじゃなくて、自分から罰に当たりに行ってるようなものだな。布施行とは、自分の徳を積む第一歩。

ところで、水引の印刷された袋に『お布施』とか『盆礼』とか書くでしょう。そしたら、中にお金を入れた気持になるんでしょうね。お経が終わって、冷たい麦茶を頂き（麦酒ならもっと良いけどね）お包みを受け取った時、あれは解かるものですよ。入ってるとか、入ってないとかが。でも、「これ、入ってませんヨ」とは中々言いにくいな。

チョクチョクあるんです。

背中に扇風機を当ててくれるのですが、ローソクが消えるからと、スイッチも入れてくれない家がある。あれは仏さまの方から風をくれれば良いのですが、これもちょっとした勘違い。

倅二人が手伝ってくれるので大助かりです。黒い衣を着けるので、ニックネームは小烏（こがらす）。和尚さんは、親烏とのこと。

ある家の人が、「うちへ小僧さんが来た。軽く見られた」と愚痴をこぼしたとか、耳に入ってきた。そうじゃない。暑い最中に、襦袢（じゅばん）、白衣、黒衣、袈裟（けさ）を着けて、修行の身というので一軒ずつ、足のしびれを押して廻るのです。

お経の本を握りしめ、決して手を抜かずに、お勤めをしてくれます。こんなありがたいことはない。なのに『軽く見られた』とはどういう了見だと言いたいな。

一生懸命にお勤めをしているのに、一人プンプン怒って、「ハイご苦労さん」と、お茶も出さずじゃ困る。もしかしたら、和尚さんよりもっとありがたいかも知れんのに。

ちょっとした勘違いだけど、それが大事なこと。

悪たれ小僧

私が幼い頃、お小遣いなどという物は親はくれなかった。おやつなどという洒落たこともなく、時にはキューリを醤油に付けて、かぶり付いたぐらいであった。でも、それが当たり前だったし、みんなもそうであったからおかしいとは思わなかった。時折、紙芝居が自転車に乗ってやって来た時、近所の悪タレの一人がアイスキャンディーなんぞを舐めていると、「いつか大きくなったら、死ぬほど食ってやるぞ」と思った。

寺は町一番の貧乏寺であったから、師匠も随分苦労したことだろう。

軍帽とカーキ色の水筒が残っているので、知ったかぶりしてこう聞いた。「三八式歩兵銃は？」。親父は「アア、妙見堂の下に放り込んである」。

それを聞いた私は、是非とも手にしたかったので、入り口をノコギリで切り始めた。

そこを檀家の方に見つかり、こっぴどく「お前は、お堂を潰すつもりか！」と叱られた。親父は私の質問のことなど、すっかり忘れていたのだ。

中学二年生の時、学校の帰り道に友人が『お好み焼き』をおごってくれた。罪の意識と興味が半々。薄い薄いお好み焼きだったが、実に旨かった。

母は常に「何かして貰ったら、お返ししなさいよ」と言っていたので、私も習慣化していた。いつかお返しを思っても、先立つものが一円として持っていない。そこで、頭に「賽銭箱がアル」と囁く者があった。まして今日は誰も居ない。親父は、今から出掛ける準備をしている。

今がチャンス。暫くすると、親父はスクーターに乗って出て行ったのだ。私は急いで資金調達のために本堂に急いだ。箱の中に手を入れ、あと少し貰おうと二度目の手を突っ込んだ時、ガラッとガラス戸が開いた。そこに、忘れ物を取りにきた親父が立っていた。手は、賽銭箱の中に。

目は点になり、胸の鼓動は激しく、父も見つめたまま。

頭を何度もどつかれて、本堂の柱に縛り付けられてしまった。もう夕焼けの気配であったし、静かな本堂は、余計に恐ろしかった。

今思えば懐かしく、馬鹿なことをしたものである。

親父も、つらかったろうな。

そして今、私は親。

三階建て

お釈迦様が生きておられた頃の話です。ある商人が居ました。この商人は、友人が三階建てを新築し、見晴らしは最高に良いというので、お祝いを兼ねてその友人宅へ行ってきた帰りでした。高くそびえた家、見晴らしの見事なこと、美しさをうらやみ、是非とも、私もあのような素晴らしい家を持ちたいものだと思ったのです。

早速、大工さんを呼び寄せ、三階建てで、見晴らしの良い高楼（こうろう）を作るよう言い付けました。大工さんは承知して、まず頑丈な基礎工事をし、一階、二階と組み上げ、三階目に掛かろうとしました。すると、この商人は愚かにも大工さんにこう言って、怒鳴りつけたのです。

「私の欲しいのは、土台や一階や二階じゃないんだ！　三階の高楼だけでいいのだ。早く、それを造れ！」と。

雑宝蔵経（ぞうほうぞうきょう）に載っているお話です。

せっかちというか早トチリというのか、目的ばかりに目が奪われて、そこまでの過程には目もくれない人だったのですね。

楽をしたいとか、もっと良い給料をと思うのであれば、要求する前に、自分から進んで努力することが大事でありましょう。

信心の『し』の字も行わずに、亡くなってから良い戒名が欲しいという心も、土台、一階が抜けているということ。

人の良い結果だけを見て、うらやみ、やっかんでみてもしようのないこと。隣の花は赤く見えるとよく言います。

しかし、赤く花咲くまでは、隣の人はどれだけ手入れをし、雑草を抜き、肥料を施したことだろうか。自分は何もせずに、ただただ結果だけを、要求ばかりをまわりに押し付けた所で、決して報われることはない。

慌てず騒がず、自分に出来る無理のない積み重ねから始まるのは、いつの時代でも同じことなのです。

良い友人を多く持つ人は自分を磨き上げているし、成績の良い学生は人知れず読書し、吟味、反省、行動を繰り返しているものです。

ご利益

お経を読む前に、お唱えする心構えの要文というのがあり、その中の一つの誦経文には、こう記されています。

「叙して曰く、誦経の利、甚だ大いなり。諸経に皆、云く。無量の珍宝を以て、布施するも、誦経一偈の功に及ばずと。（中略）凡そ誦経の時は即ち、座下に皆、天・龍・八部・四衆あって、囲繞聴法す。乃ち、我

精霊送り

よく法師となって、仏の正法を伝え、四衆の為に、これを説くと観ぜよ。誦経、すでにおわらば、この功徳を以て、一切衆生、未来世に於いて、共に正覚を成ぜんと願すべし。云々」。

むつかしい言葉で恐縮ですが、読み下してみましょう。

お経を読み、唱えることのご利益は、実に大きい物なのだ。

今まで多くのお経の中にも説かれている。例えば、計り知れないぐらいの宝や、珍しい財宝を布施したとしても、お経を本心で一回唱えた功徳に勝る物はないのだ。（前段）

立派な戒名が付き、何百万円もする仏壇を買ったとしても、家族揃って仏さまを拝むという心がないと、全くその仏壇は無駄ということでしょう。もちろん、買わないよりは良いのですが…。

だから、お前達がお経を読んでいる時には、その側で仏教の主護神である天龍や八部衆や、多くの方達が、じっと耳を澄まして聞いているのだと思いなさい。

だから、仏の正しい教えを伝える使いの者として、まわりにいる人々に仏法を説いているのだとの心を新たにしなさい。（中段）

こうして積み重ねてきた功徳で、いつの日か、ご縁のある方々と一緒に、仏様の世界に入れるようにと心に念じ、願いを持ち続けるのです。

若い人達は、手を合わすとか仏教とか言うと、死者のためであるとか、古くさいなどと言うのは、死を身近に感じていないからでしょう。しかし、命あるものは必ず『死』がやって来るのです。この命をくれた先祖や、もっとさかのぼって仏さまを讃えないと、お守りは頂けないと思います。

お経によるご利益はあると思いますよ。

青息吐息

仏教用語に『瞋恚』という言葉がある。今では使われないが、『しんに』と読む。

瞋恚とは、腹を立てることであり、人を憎むことである。

人間は腹を立ててばかりいると、怒ってばかりいると、四大不調、体の調子が本当に悪くなることがあると言う。

アメリカの学者で、腹を立てている人間の息を取って、分析してみた人が居るそうである。それを段々と濃縮していくと、赤黒い変な物になってしまったと言う。

嫉妬(しっと)している人の息を取って分析し、濃縮してみたら、焦(こ)げ茶色になったというし、青息吐息の人、つまり、生きているのがやっととか、何とか生きているという人の息を取って分析し、濃縮してみたら、青黒い色になったと言う。

友人に聞いた話だが、九州大学で、人間の胃についてレントゲンや超音波で見てみると、怒った時の胃は、正に喉から真っすぐに立っていたと言う。つまり、腹が立つとはこうなのだなということ。

そして、怒りに震える状況を作ると、胃は痙攣（けいれん）を起こし、胃が震えるということも起きると聞かされた。更に恐ろしいことに、そうした憎しみや怒り、怒る時には、胃や腸から自分自身にも良くない『毒』が出てくると言うのである。

仏教では、怒り、憎しみ、ねたみ、そねみという物は、自らを滅ぼす源であると言う。と言って、『唯、ヘラヘラと笑っていろ』と言うのでもない。

「人の自分勝手を充分わきまえて、それに自分が乗って、巻き添えにならぬように、心を動かされないように！」と言うのである。

夫婦喧嘩をし、夫が蹴り倒したストーブで家が全焼になった。妻は怒り静かにならぬうちに飛び出したが、泣き止まぬ赤ん坊に、自分の乳房を含ませ飲ませた。途端に、赤ん坊は母親の母乳に入った怒りの毒で死んだという話も聞いた。

「そういうことはない」と言うよりも、「そうだろうな。だから怒るまい」と考えて頂く方が良いと思う。

くれぐれもご用心の程を！

十年サイクル

中学生の頃、弁当を持つことは許されず、自宅に帰っていたが、私は父の経営する幼稚園で食事をさせて貰っていた。行儀の悪い話だが、食べながら『仏教童話集』全巻や夏目漱石全巻を読んだ。高校生の時は美術部に入り、休み時間も惜しんで絵具と親しんでいたし、詩や文章を書き連ね、これは大学を出るまで続い

教育委員長の就任を祝って

たようだった。

お坊さんになってから思うことだが、専門誌やお写経などに親しめたのは、学生の頃のこうした積み重ねであったろう。

彫刻や刻字をするようになったのも、あながち無縁であるとは言えない。そして、考えてみると、『十年』というサイクルで人は（自分だけが、そうなのかも知れないが）実を結んで行くように思うのだ。

家内に十年前点字を教えて貰った。面白くって十数冊も本にし、盲人センターに寄贈したこともあるが、今は津の少女に本を作っている。

このコラムにしても、十年間、時には二行か三行の感想文、意見、日記風つぶやきの十数行が、十年経っていろいろなコラムになっている。あるテーマなどは、三年間考え続けた物が、近頃やっと陽の目を見たのもある。

父親は、私の若い頃のチャランポランな趣味や行動を見て、随分心配もし、怒りもしたであろうが、あまり口にも出さず、見守ってくれていたように思う。

若い頃は、そんなことなど何一つ思わないのだが、十年後、二十年後に、今していることが役に立つ（こともある）のだから、何でもしておいた方が良い。

そして、行ってきたことは決してバラバラな物ではなく、心の育成、感性の磨きに、大きな力を与えてくれ、どこかで繋がっているのではないかと思う。

絵を、書を書くと言っても、美的感性、音楽、数学が密接な関係になり、イメージの世界の発露である。

十年経ってまた同じ人と逢った。そこから活動が始まることもある。

だから、「全て、無駄なことは何一つとしてないのだ」と近頃思っているし、十年サイクルということも考えている。

両刃の言葉

学生時代(大学は、東京の五反田にあった)友人宅に厄介になっていた。その友人は新宿図書館でアルバイトをしていたので、私はよくそこで落ち合って、彼の家へ帰るのであった。新宿の歓楽を通り駅に行く途中、季節も懐も随分お寒い時だったから、なけなしの金で焼き芋を買い、二人でかじりながら歩を進めていた。すると、きらびやかなネオンの下でドレスを着て、来客を待っていたオネエチャンが一声、いや、結構大きな声で、「ハハハッ! イモがイモ食ってら!」。

ハッと心も頭の中も、身体さえも一瞬止まるのを覚え、オネエチャンの方を見たが、どうしたことかとても悲しくなったのを覚えている。

友も私も、まだ湯気を上げている芋をかじりながら、一言もなく、歩くばかりだった。

その彼が何年か前、奥さんと一子を連れて遊びに来た。

酒が進むうち、彼は突然、「青木! お前、俺ん所に居てな、大学生活が終った時、鞄を提げて出て行ったろ。あの時、お前の背中を見ててな、泣きたくなってな。俺は一人ッ子だろ。一緒に酒を呑んで論争をよくしたろう。それがもう出来んのだなと思うとな、お前を引き止めたかったよ。もう一日、泊っていけと言いたかった。故郷へ帰って行けるお前が羨ましかったし、無性に淋しかった。でも、それで良いんだよな…」。

それが口火となって、夜遅くまで杯を交わし、大学生活のことを話し合いました。そのオネエチャンのことも…。

人生のうちには、いろんな人と出逢って、言葉をかけ合う訳ですが、心の中にしみ込むような言葉を続けて行きたいと思います。

いつまでも忘れられない言葉があるから、辛い時や悲しい時にも乗り越えられるのではないでしょうか。人を傷付ける言葉しか知らない人は、自分の心も渇き切っていて、潤いのある日々を知らないで過ぎて行くのだろう。

そうあってはならない。

そうであって欲しくない。

バンコックの夜

タイの首都バンコックへ着いたのは、真夜中だった。迎えの車（日本車の中古ワゴン）へ乗って一時間余り。ワットマハタットという、お坊さんを育成する学校へ着いた。蚊に悩まされながらも横になることが出来、一安心。

朝、水の音とシャリシャリという軽い金属音がする。

眠い目を凝らしてみると、水浴をして、黄色の袈裟を着けては、手ででんでん太鼓のような物を回している。まず、朝一番に身を清め、それを手にして回すと、お経を読んだことになるらしい。

いつの間にか、彼らは一列となって街の方に向かって歩み出した。朝から、托鉢の修行に行くのだった。

南方仏教は、つとに戒律が厳しく、一日に二食であって、お昼の十二時からはお茶しか飲まないのだ。その二食分を町の方々からの布施でまかなっているし、市民もいずれは自分も出家する身であるから、われがちに食事の布施をしている。

昼間は教室が年齢ごとに分かれ、それぞれ仏教学に親しんでおり、私も高等科の教室で、日本仏教のあらましをおしゃべりした。彼らの質問は本当に真剣であり、僧侶の妻帯、飲酒、戒律などに、とても興味を示していた。

夜になって、お通夜に参列しないかと誘われ、OK。

西洋の柩が置かれ、出家した時の写真が飾られ、花が供えられている。本当に、花で飾るのが好きな民族である。右の窓側の台に五人が並び、軍配の大きな物を顔の前に立てて、お経を読んでいる。どうやら、その裏にお経が印刷されているらしかった。

その通夜の間、彼等僧侶方は甘い紅茶を飲み、タバコをプカプカふかして、談笑しているのには驚いた。聞けば、「お釈迦様の戒律には、タバコを吸ってはいけないとは書いていないから」と言っていたが、お通夜の席とはどうも合わなかった。

お導師様は学長様らしかったが、柩の前のソファに、ゆっくりと背をもたれて、時折お勤めをしておられた。

暑い七月初めの、バンコックのお通夜だった。

自分の字で

私は毎月三百二十通の封書（お寺の月報）を送っています。自慢する訳ではないのですが（自慢しているのです）ちょっと聞いて下さい。まず手順です。

寺の行事や連絡事項、カット、巻頭句と記事を集めて、頭の中で編集をします。それをB４に和文タイプで打って、所々修正して点検。それ（月報）をコピーに取りますが、（月報とは別に）『はんど仏句』と、頂いた『核兵器廃絶』を添えて、六百四十枚となります。これをコピーしている間に、封筒に住所印を押して宛先を貼り付けます。出来上がったコピーを八ッ折りにして三部を同封し、市内外へと分けて封をします。それを局へ持って行って、市内特別の印と料金別納の印をそれぞれ押して、やっと一息吐くのです。

これを毎月々々、飽きもせずに続けて十五年にもなります。日頃の無沙汰を思い、檀家信者さんに限らず、知人友人達にもお配りさせて貰っています。

この上に、葉書や封書がよく舞いこんでくるので、月に四百通はあるでしょうか。

これだけ出していますと、葉書一枚、ご返事一通書くことに面倒臭いということはなくなります。

よく「私は筆不精で…」とか「字が汚いし…」、また「どうも、億劫で」と言われる方が多いのです。また、電話の発達もそれに輪をかけているからでしょうが、年に二、三通の方が多い。

でも、よく考えてみて下さい。

あなたの返事が欲しいのですよ、出した方は。その上、書道家さんのように額に入れる立派な書体は期待していないのです。あなたの字であればそれで良いのです。

まして、一通の葉書きにも、時候の挨拶などを考えていますと、ますます書き辛くなるのは、目に見えています。

一言でも良いから、まず出す事を心掛ければ、もう充分、意は通ずる。

「この前は良い物をありがとう。大切に使います」と、たったこれだけでも誠意は通じます。

「今度書こう、明日書こう」と引きずって、遂には書き忘れてしまって、非礼を重ねるより、すぐに出しましょう。

礼拝行（らいはいぎょう）

小学校五・六年生の頃から、寒修行に行くことを強制された。「お前はお寺の子だから、出るのは当たり前だ」と言われ、何の反論も出来ずに、黒衣を着て、一軒一軒回ったのです。それがいつの間にか今年で三十年目になった。あとで聞かされた話ではあるが、父（師匠）から電話が入り、「今日は帰れんから、健斉が全部回るように」と言われた。着替えて、太鼓を打ち、お題目を唱えて本堂前から出る時、母親は私の後姿に「かわいそうによ、かわいそうによ…」と、手を合わせてくれていたとのこと。

そんなことも知らずに、よく母親とケンカをしたものです。

思い返せば、胸が一杯になってきます。

ご浄財を入れて頂いて、私は（左の手に）太鼓があるので、雙手合掌（せきしゅがっしょう）（片手での合掌）します。

でも、今の子供達は、お互いに合掌するということがなくなりましたね。今も昔も子供の心はそう変わっていないのですが、親が変わってしまったので、手を合わすというのは、それこそお葬式ぐらいのものでしょうか。食事の時も手を合わさないでしょう。合掌とは、お互いの心の中にある仏さまになる性質、これを仏性とも仏種とも言います。それを敬い合うことにより、人間完成を目指そうというのです。

家庭の中で、食事の前とか学校へ出かける前、帰ってきた時に仏壇にと、出来るだけそういうチャンスがあれば、情操教育の一端にでもなるのではないかという気がします。決して古くさい礼でもないし、お葬式だけにすることでもない。

目に見えないけれど、吾が命があり、子供の命を授けて下さったご先祖や諸仏、諸天善神に手を合わすことは当たり前のことでしょう。

ご両親がしないと子供もしない。でも、多くの人は子供にだけはさせるのだな、これが。

そう言えば、お年寄りの中でも、門前に貼って頂くお札のことを「和尚さん。紙くれんかナ」と、のたまう。

流石、漁師町に来ると、ちゃんと「お札を受けたい」と言って下さる。

それぞれに思いのある寒修行です。昨年の冬は、行中に「寒行の　道に一輪　落蝋梅」と句を作ったが、ちょっと不謹慎であったか。

三十回目の寒行も、もうすぐ終わりになる。

仏天の加護

加被力という言葉がある。広辞苑には、『神や仏が威力を加えて、人々を助け、守ること』と載っている。

人は自分一人の力で生きて、誰の世話にもならず生活しているようだが、実は多くの人々の汗と苦労の上に成り立っていることに、気付かねばならないと思う。紙一枚、針金一本にしても作る人、箱詰めする人、運ぶ人、売る人などと考えてみたら、凄い人の数を経て今、自分の手の中にある。いや、品物ばかりではあるまい。無事に一日を終えることや、この世に生まれ、生命長らえている事自体そのものが、何かしら大きな物に守られていると言って良いのではないだろうか。

それを昔の人は、よく解かっていたから、「アア、これは神様が、仏さまが守って下さっているんだなァ」と思っていたに相違ない。

だから、『仏天の加護』と言って、後ろから支えてくれている力とも言ったのだろう。

加持というのもそうだ。ご祈祷に使われる言葉であるが、仏様が衆生（私達）を病気や災難から守って下さるのだと言う。そのために祈り、ご祈祷を受けるのですね。

同じような言葉は沢山あって、冥加というのもそうです。知らず知らずのうちに、神仏の助力を得ることです。母親によく言われました。物を粗末に扱ったり壊した時、「お前は、物の冥加の程を知らん」と、きつく窘められた。

「物の値打ちは、金額のことじゃない。それを作ってくれた人の苦労も考えて、充分に使い切りなさい。なのに、お前は粗末に扱って、壊してしまったな」と言うのでしょう。

命あるは嬉し、命長らえるはもっと楽し。目には見えないけれど、神仏の守りの中にあって、生かされているのだということが解かれば、迷っているのも仏様の中、涙を流している時も、楽しくて大笑いすることも仏様の中に居ることになる。

後ろから充分支えてくれているのだから、こんなありがたいことはない。
共に、手を合わせましょうよ。

お袈裟

お坊様のお衣の上には、袈裟を着けなくてはいけません。東南アジアの仏教圏では、一枚の衣と袈裟が一体になっているのは気候の関係で、その昔、インドのバラモン達もそのような物を着ていたのですが、仏教が寒さ厳しい中国に伝わると、一枚では冬を越すことが出来ませんので、衣と袈裟に分かれて重ね着をするようになりました。お釈迦様の時代には、道端に落ちている布切れを繋ぎ合わせ、川の水で洗い、壊色（＝もうこれ以上、色に染まらない）になった物を身に着けたのです。

そして、お釈迦様から法を聞く時は、必ず右の肩を出し、師の回りを三回まわって、初めて法を聞くことが出来た。つまり、師であるお釈迦様を讃え、教えを信受致しますという作法なのです。

タイの早朝、托鉢に回る青年僧達は、黄衣に身をくるんでいますが、右肩は出していません。教えを受ける時か、礼拝する時に、右肩を出します。

お経には「偏袒右肩、合掌向仏」と載っており、右肩をあらわにし、み仏に向かい合掌するという意味です。

地方のお葬式に行きますと、大体、共同墓地ですが、そこに蓮台といって、蓮の花を刻んだ石台があり、その上に棺桶を置き、時計回りに三回まわるのです。「もう生きていた時のような煩悩に悩まされることなく、この六地蔵と、お釈迦様の前で仏となりなさい」という形なのですが、先日見た風景は、老人二人が先頭きって、左回りに回り出しました。葬儀の最中に、文句を付けるのも良くないことだとも思いましたが、やはり本来は時計回りに三回というのを忘れないでいて欲しいと思います。

それと自分自身に問い直していることですが、どの宗祖にしても、活動していた時は黒衣で、実に粗末な袈裟を着けていたのですが、時が移り、時代が変わり、いつしか美しいキンキラになってしまっています。出来ることならば、もっと謙虚にみ仏と向かい合っていたいと考えております。

仏事には、色々作法がありますが、基本を忘れないことでしょうか。

だろう人生

「私達、プロのドライバーは、『かも知れない運転』をしていますが、ああいう自家用車の人達は『だろう運転』なんですよ。解かりますか？　我々プロは今、注意信号だけれども、これで突っ走ると途中で赤になるかも知れない。それから、前の車が急停車するかも知れない。子供や老人が路地から出てくるかも知れないと、いつも『かも知れない運転』をしています。ところが、あの人達は、例えば狭い道を走っていて、向こうの車が避けてくれるだろうと思い、老人や子供も出てこないだろうと自分勝手に決めている。向こうの車もまた、こっちの車が避けてくれるだろうと、両方で『だろう』と思っているから、ガチャンとぶつかってしまうのですよ」。

何でもないようなことでありますが、私達はそういう日常の会話にも教わっていくということが必要でしょうね。

人間関係でも、そうですね。

あるいは、そうかも知れない。

私の方が間違っているかも知れないという、謙虚な気持ちが大切なんです。

『向こうが間違っているだろう。謝るだろう』と思うのではなくて、『かも知れない』という生き方のプロに徹するということが必要ではないかと思うんです。

そんな風に考えてみますと、お釈迦様の初めてのお説法に『正しく見る』ということであるのは、誠に意味のあることでしょう。

正しく見ると、私一人で生きるのではなくて、多くの力に支えられて生きているのです。多くの力に支えられて生きているということが見えてくると、私達も自分の力で、何か世間に少しでも尽くして、相手を生かして行きたいという生き方が出てくるでしょう。

私達は普段、何気なく「見る」と言っておりますが、実は向こうから見せてくださる物が、見えるのだということに気が付かなければならないと思うのです。それが、『まみえる』ということになります。

子供叱るな

吾が家の倅が幼い頃、ふざけ合っては、どちらかが泣くのが常だった。ある日のこと、弟が泣き出したので、『また、上の子か』と思い、側にあったメートル差しで、上の子の股（もも）の所を一撃した。

当然、火の点いたように泣き出し、『しまった！』と思ったが、時既に遅し。家内には「私は、そんな育てられ方をされなかったから解からんが、そこまでしなくても良い」と涙で語られ、返す言葉がなかったのを覚えている。

その喧嘩は弟の方が悪かったのであった。私は自分の幼い頃を思い出し、父は厳格であったし、私は愚鈍な少年で、いつも叱られてばかりいたのが、手を出させたのだろうかと自分を責めたのです。

丁度その頃、ある一文に巡り合った。それは、『子供叱(しか)るな来た道じゃもの、年寄り笑うな行く道じゃもの』とあった。

『本当にそうだ』と、腹にストンと落ち着く物があり、それからは『おだて』に徹して行こうと考え、実行に移した。

いや、子供ばかりに関してのことではない。足腰が弱くなり、動きがスローになった姿を見て、それがおかしいと笑うことは、決して出来ないのだなと深く思う。

あれは、私達の未来の姿なのだと感じなくては駄目なのです。明日か、十年後か、三十年後か、それは全く予測の付かないことではあるが、必ずいつかはやって来るのです。

今年の寒修行中に、とある病院からケガでもしたのか、足の不自由な患者さんが出てきて、その歩く姿がおかしいと女子高生が笑っていた。その人の苦しみや辛さが解からず、そして、自分は五体満足だから笑えるのだろう。が、しかし少し思いやりを持ってその人を見て、「私が、あの人であったなら」と振り返ってみる慈(いつくし)みの心を起こして欲しいと思いました。

そう言えば、前の言葉には続きがあって、『行った道、行く道、二人旅。これから通る今日の道、通り直しのできぬ道』と言うらしい。

自分が辛い時、笑われたら悔しいはずです。

善悪のご縁

生まれた時は、善でもなく、悪でもないが、善人にもなり悪人にもなる可能性を持っている。私流に言えば、品種改良が可能だということなのです。

生まれた時の種が良かったり悪かったりするのではなく、例え悪くても、それは様々な方法で品種改良が出来るように、人間もまた品種改良が可能なのです。

後に出逢う『縁』によって、人間は善にもなり悪にもなり、毒にも薬にもならぬのにもなる。良い縁に逢えば善になり、悪い縁に逢えば悪になってしまう。

作り話でしょうが、面白い話があります。西洋でも日本でも通ずるのでしょうが、ある画家が天使を描きたいと思って、方々を探し歩いたけれども、天使らしい面影(おもかげ)をした人は居ない。

パンセの言葉ではありませんが、中々出逢わない。

たまたまどこかの家に行った時、生まれたばかりの赤ちゃんを見て、これが本当の天使の姿だと思い、素晴らしい天使の絵を描いたそうです。

それから四十年余り経って、この画家が今度は悪魔を描きたいと思ったが、悪魔らしい人を探しても出逢うことがなかった。

けれども、これという人を見つけて、その人をモデルにして何とか描いた。その悪魔のモデルになったのが、かつての天使のモデルだった赤ちゃんの四十年後の姿だったという、ちょっと出来過ぎの感もある話であります。

しかし、言わんとすることはよく解かりますね。縁によってどう引っ繰り返って行くか解からないのが、私達の人生です。良い機会さえあれば、必ず善に立ち帰ることが出来るということでもある訳です。しかし、これはなかなか容易なことではありません。

教育というものもそういうことで、一朝一夕（いっちょういっせき）に出来るものではありません。長い眼と、試行錯誤の繰り返しでしょう。

誠意で返す

イギリスに住んでいる一人の日本人が車を運転中、誤って停まっている他の車にぶつかり、小さな傷を付けてしまいました。夜中のことで、まわりに見ている人が居る訳でもなし、彼はこのまま知らん振りをして逃げようかと思いました。こんな経験は誰にでもあることです。でも彼は、それでは後味が悪いと思い直し、鞄から紙切れを取り出すと、ぶつけてしまったことを詫び、その下に自分の名前と電話番号を書いて、被害者の車のワイパーに挟んでおいたのでした。

家に帰っても、気が気ではありません。すると十二時過ぎ、電話が鳴りました。被害者からの電話です。どう言って謝ろうかと思って受話器を取ると、「サンキューベリマッチ」という声が耳に入りました。怒鳴り付けられても仕方ないと思っていた彼は、びっくりしたのです。でも相手はこう続けます。

「よく知らせてくれたね。ありがとう。これが一番大事なことなんだ」。

彼が幾ら「修理の費用を請求してくれ」と言っても、相手は「気にするな」と受け付けてくれません。やっとのことで住所と名前を聞き出した彼は、数日後、被害者の家を訪れました。

歓待してくれたことは言うまでもありません。でっぷりと太った、人の良さそうな被害者が、別れる時に言いました。

「これからも、君に困ったことがあったら、声をかけてくれないか。僕で良かったらいつでも力になるから」と。

相手の差し出してくれた大きな手の温もりを、彼はいつまでも忘れられないと書いてありました。

この記事を読んで、私は遠く離れた外国で暮らす日本青年の嬉しい感激が伝わってきました。もし、あの時彼が誤魔化して立ち去っていたら、こんな素晴らしい人情には出逢えなかったでしょう。

会者定離（えしゃじょうり）

ご主人が船員さんというお宅があります。船員ですから、一年のうち半年以上、長い時は一年近くも家を空けることがあるそうです。そこの奥さん曰く、「主人が帰ってきて、最初の一週間は珍しいからいろいろ世話をするけれど、二週間目には面倒くさくなり、三週間目には『早く次の航海に行かないかな』と思うのよ」と内緒話をしてくれました。「主人抜きの生活パターンの方が長いから、リズムが狂うの」と言われれば、「そうかなァ」とも思いますが、「それではなァ」とも思います。

また、四十代でご主人を亡くされた方が、「最近、主人の夢を見なくなりました。当初はよく夢をみたのに、女は薄情かも知れませんね」と。

「そんなことはありません。人間は一つひとつ覚えて行き、そして、一つひとつ忘れて行かないと、生きて行けないんですよ。悲しいことは、特にね」と励ましたのですが、私には何と慰めてあげたらいいのか解かりません。

夫婦にしろ、親子兄弟にしろ、掛け替えのない人間関係だと私達は思い込んでいます。

その掛け替えのない人達が死んだり、遠くに離れたりして、私達の眼の前から消えた時、激しく強い悲しみを覚えます。しかし、時が経つに連れ、悲しみも風化し、別れた人が私達の心の中に占める割合が減ってくるのも事実です。

お釈迦様は、こういう人間の心の揺れに対して、人の出逢いを『愛別離苦（あいべつりく）』…愛する者と別れる苦しみ、『会者定離』…出逢う者は、必ず離れる運命を持つという言葉で諭（さと）されています。

人間は、どんなに愛し合っていても、いつかは別れなければなりません。それは、大変な苦しみなんだと言うのです。

でも、そういう苦しみも、私達が仏のみ教えに耳を傾けていれば、いつしか消えて行くものだとも教えられております。

辛いでしょうが、いつか、必ず越えなくてはいけない、大きな壁なのです。

花まつり

毎年、四月になってお釈迦様のお誕生をお祝いする『花まつり』がやって来ると、寺の本堂前と、門前にも花御堂（はなみどう）をお飾りすることにしている。

最初のうちは本堂前だけでしたが、ここ三、四年前から門前にも飾ることにした。その方がだれかれなしに自由にお参りが出来ると思ったからだ。丁度その頃、境内の桜も満開になるので、近所の人や、道往く人達が花見がてらに集まり、花御堂を愛でてくれる。

これがなかなか好評で、老いも若きも幼きもみんな、誕生仏に甘茶をかけ、合掌して、入ってきてくれる。手を引かれてやって来る孫さん達は、まず甘茶をかけることを習う。神妙な顔をして、誕生仏のおつむから、甘茶を二度三度かける。そうして、モミジのような手を合わせてお辞儀している。み仏と我とが一対一となる。頭を上げるとホッと一安心。子供心にしげしげお顔を見つめて、何か大きな仕事でも済ませたみたいな顔をしている。

やんちゃ小僧もこの一瞬、何とも言えん素晴らしい顔になる。そうして次の子供と交代する。今度は、観客になる。

「こいつ、上手いことやるかいなァ」と、半ば監視の眼差し、半ば先輩の心遣いの顔になるのが面白い。合掌して、お辞儀している友達の顔を見ながら、自分も頭を下げている。

いつのころから、どこのどなたが考えられたか知れないが、これは正に素晴らしい、和やかな考案やと、つくづく感心してしまう。我々に仏教徒が、遠い祖先から受け継いだ、何よりの伝統だと心から喜んでいる。

二、三年前、子供会の先生が子供達に「お釈迦様は、どんな格好をしてますか?」と聞くと、一人の男の子が「横断歩道は右手を上げて、左右よく見て渡りましょう」と答えた。

時代の反映を痛感した次第です。会が終わってから、若いリーダー諸氏と「人生街道、脇道せずに左右よく確かめて、中道を歩むということに解釈出来んこともないなァ」と笑い合ったことでした。

八日は、お釈迦様の誕生日。

スパーク

『石中に火あり、打たずんば発せず』という禅語があります。

銭形平次が「スワ、大事件！」と言って十手を取り、玄関で女房のお静が平次めがけて『切火（きりび）』をします。その切火を思い出して下されば良いかと思います。この時に使う石は石英と言って、良く火の出やすい石なのですが、それをそのまま置いておけば、全くただの石そのものなのです。

ところが鉄のかけらなどに打ち付けると、熱を呼び、火が飛び出すのです。鉄自身にも同じようなことが言えますね。これは禅語ですので、もっと深く私達自身のことに置き換えてみれば、どういうことになるのか。

石英には、良く火の出る性質を持っている。これは私達の心の中に、『仏性（ぶっしょう）』と言って、偏（かたよ）らない、こだわらない、そして、目覚めた者となる性質というのが、元々持っているのだが、そのまま打っちゃっておけば、それだけのことで終わってしまう。然（しか）らば、鉄は何であるのか。

それは取りも直さず、『仏道修行』ということであり、人との出逢いであり、発心であり、信心でもあります。

その出逢いから、自分でも全く気が付かなかった性質の火という物が、本当にスパークのようにほとばしり出てくるのですから、人は人との出逢いや、一句一偈（げ）の対面に疎（おろそ）かにしてはいけないと思うのです。

「私には、そんな仏性などというものはありません」と言った所で、それはただ気が付かないだけのことで、そう思い込んでいるだけなのです。

お経の中には、『諸々の衆生の魂底に、善根を植えさしめる』とあります。

だから、人が人と逢う時には、ナァナァの付き合いは程々にして『打たずんば発せず』の心で、私を打ち付け、その人との間に鮮光が発するような出逢いでありたいと思うのです。

この人に出逢えて良かったと、心から言えるような人に出逢いたい。

何故だ！

客らしい。家内が出た。「お上人さん、ちょっと」と呼ぶ。私が出た。相手は女性、イヤ、おばさんとおぼしき年齢と見た。左の眼鏡のレンズは三ツに割れて補修している。髪はもう何ケ月も洗っていないだろう。黒いジャージ姿で、右手にはスーパーの袋を提げているだけ。用件を聞くと、「無銭旅行をしているのだが、お金がなくなったので恵んで欲しい」と言う。「今まで、あなたのような人が何人も来た」。

ある若者は、「金がない。隣町までの旅費と飯代をくれ」と言ったので、「裏山の竹を五十本倒してきなさい。そうすれば、それに見合う物をあげる」。

ある女性（娘さんらしかったが）は、「財布を落としたので、長島（隣町）までのお金を。必ずお返しに来ますから」と、泣きじゃくっていた。

どれもこれも、一度として返しに来たためしはない。それを承知で差し出すことも悪いのであろうが、暫く時が経って考えてみると、こうして人の恩義や親切に触れながら、知ってか知らずか私には解からないが、裏切りの行為となって、悪業の因縁を作って行くのだなあと、心を暗くしました。

「何故？　どうして？」と聞き直しても、遂には「私は、ルンペンなんです」と、繰り返すばかりであった。

何かの事情があって、諸国を放浪しなければならなくなったのであろうが、それにしても、何ともやり切れないものを感じるのである。

どんな出来事があって、などと詮索しても始まらないが、あの人は一体どこで自分の終わりを送るのであろうか。

本来は、温かい家庭や家族というものがあったであろうに。今は、人の恩を頂きっ放しで業を作り、それをいつまでもどこまでも引きずって行くのであれば、本当にやるせなさすぎる。

何十人、何百人もの借財を引きずって、あの人は今、どこの道を歩いているのであろうか。そしてまた、何人の恩に預(あずか)るのだろう。それで良い人生であったと言うのだろうか。

不可解…。

急いだとて

紀伊半島を走るのが、国道四十二号線。誰が名付けたか、『シニ号線』と言うらしい。風光明媚(ふうこうめいび)であるのと、車の量がそれ程多くないせいか、よくスッ飛ばして車が往来する。当然のことで、事故。それで亡くなる方が多いので『死に号線』とか。

見れば、道のアチコチにお地蔵様が建っているのが目に付く。それも走ってみて気が付くのだが、どうして、こんなに見通しの良い所で事故が起きるのだろうと、不思議であるのだが、そこにはお地蔵様が一体だけ、というのも少ないように思う。大体、そのお地蔵様の近所に一つ、また一体と、同じような所に纏(まと)めてあるものです。

ある人が、「事故で亡くなった者は、あまりに瞬間的に亡くなるので、霊となっても、『俺はどうしたのだ？　まだ、死んでいない』という思いにかられている。そして、その地からも離れられないので地縛霊（じばくれい）となり、心の隙（すき）のある者が走ってくると、その者と同体し、事故を同じ地に起こしてしまうのだ」という話を聞いたことがある。

そうかも知れないし、そうでないかも知れない。私には、何とも言いようがないのであるが、その現場にて、亡くなったことは確かであろうと思う。

私事で非常に恐縮な話ではありますが、私はこうしたお地蔵様が目に入りますと、運転中ですので、両手を合わせての合掌は出来ませんから、お題目を三回唱えて片手の合掌（雙手合掌（せきしゅがっしょう））というのをしております。お墓や墓地を見つけても、出来るだけそうしているのです。そうすると、多分、事故がここでは起きないのではないかという気もしますし、早く成仏して下さると思うのです。そのせいか、事故というのも、違反というのもしないように思います。お地蔵様の方も、車中ではあっても一礼して貰えるお蔭で、少しずつホッとしているのではないでしょうか。

ラルフ・ネーダー氏は、「スピードが少しでもある物は、危険なのだ」と言われたし、「『急ぐ』ということには、必ず間違いが含まれている」との名言も、日本にあります。

心しましょう。

私の歳時記

自分が回る寒修行であるから、そのお札ぐらいは自分で作ろうと、（お札の版木作りに）字を彫り始めてから十五年になり、（それが転じて刻字の会を設立し、発表会は）他地での発表会と併せて十四回にもなりました。その間に、家内が「短大時代習った点字をしたい」と言い出した。「同じするなら私もしよう」と同意して、既に本は十冊を超えたし、今は津の少女と文通している。

寺に座って、十年間考えていたことがこのコラムになったし、本にもして頂けた。「一体、私はどんなことをしているのだろうか？」とフと考えて、洗い浚い出してみることにした。

刻字。相田みつを氏の言葉と書に関わらず、篆刻、看板、刻経、表札へと広がりを見せてきた。

点字は本十冊から、少女との文通と教科書作りへと。

水彩画 土井竹林

コラムは本となり、本も四冊目となり、この文は五冊目と言うことになる。寺から、ご縁の頂いた方や、檀信徒へ毎月四百通の『香風』というお知らせも、十五年目。俳句も、昨年から駄作を連ねているし、竹ボウキ造りも、私の冬の歳時記。

お話の方も、公民館や学校へもさせて頂けた。時には熊野市、桑名、松阪、久居（現、津市）へも。

寒修行も十五年目で、吾が倅どもも、私の足速を追い越して行くのは、楽しみと苦しみの入り交じった物となっている。

水彩画も本用のカットにと再出発で、市内風景も十数になる。これは、百点にしたい。

茶の葉を摘んで番茶を作り、夏の土用には、味噌造りに、梅干し造り。春四月八日のお釈迦様ご誕生の花まつり。

犯罪者更生のための保護司として、少しお手伝い。

考えてみると、それぞれが一つづつ独立しているのではなく、相互に関係し合っているなァと思いを深くするのです。そして、一つしか知らないというのではなく、人は何かをし始めると、関連したことが、次々と必要になってくるのです。

例えば、茶の道では、お茶を点てることに留らず、俳句、禅語、書、菓子、茶、道具、建物、人生とそれぞれが絡み合って、一期一会の茶の随に至ると思うのです。どんな仕事でも、そうだと思います。

親のまなざし

長男が、とうとうと言うか、やっとと言うか、中学校を卒業することになりました。

私は、この晴れの日をしっかり見届けたくて、僧衣に身を包み列席致しました。

殆どが、綺麗に着飾ったお母さん達です。私は、一番後ろに陣取ります。生徒の入場となりました。

拍手の中を晴れがましく進む長男の姿を追っていますと、今までの多くのことが思い出されてきました。

母親の元を離れるのが辛くて、幼稚園の門で泣いたこと。一生懸命に走るのですが、足の遅いこと。トマトが食べられず給食嫌いになり、青白く痩せて、心配した。

叱られながら勉強したり、提出物をとうとう出さなかったり、辛い寒修行にもよく出てくれました。列の一番後ろに居る子供の後姿を見つめながら、「大きくなったなァ」とつくづく思いを深くしていたのです。

すると、ハッと思い当たることがありました。

愚鈍であった私は、両親に随分と心配をかけたのですが、それでも父と母は、私のことをじっと見つめてくれていたのです。今日、この様に、私が長男を見つめているように。

何とありがたいことでしょう。ただ、子供であるというだけで、どんな心配をかけたのか、計りしれない程なのに、それでも一つ一つ成長していく私の後姿を見つめていてくれたのです。それも何の駆け引きも打算もなく、ひたすら『愛』という無形の財産を与え続けてくれたのです。

そして、今もなお。

今、親となり、自分の子供を見ていると、初めてそれが解かりました。

繰り返しが人生であったのですね。私はこう思いました。

今まで受けたご恩は、子供ばかりではなく、まわりの人々にお返しして行かなくてはいけないと。自分一人さえ良ければ良いというのでは、あまりにも勝手過ぎます。

出来る所から始めよう。無理をすれば長続きはしないから、少しずつでも良い。ご恩をお返しして行こうと、心の中で頷(うなず)きました。

生きているうちにしか、出来ないことですから。

名前いろいろ

一休さんがまだ修行中でありました頃、あまりに激しい努力ぶりだったので、お師匠さまは少し心配をしておられました。

ある日のこと、体の震えるような感動を覚え、そのことをお師匠さまに報告しました。それが悟(さとり)への第一歩であったので、「よくぞ、良い世界に入られたな」と、師より悟に至ったという証明の印可(いんか)を頂きました。

その時、師曰く「有漏地(うろじ)より無漏地(むろじ)に至るなかどころ、ここで少し一休み、一休み」と言われ、『一休』の名前が付けられたというのです。なかなか洒落たお話ですが、良い名前ですね。

新宿で、ロシア文学に傾倒していた青年が「友人たちの集まる場所を」と思い、酒場を開きましたが、名前をロシア文学から名付けて、『どん底』。

仲間うちばかりが飲みに来ていたせいか、名前の持つイメージからか、二ケ月しか持たなかったと言います。

放浪の俳人であり禅僧でもありました種田山頭火(たねださんとうか)は、若い頃、美人の奥さんと暮らしておりました。お店の名前が何と、『ガラクタ屋』。

その名の通り、ろくな者が来なかったそうですね。

人名にしても、店名にしても、呼びやすく呼ばれやすく、その名の持つ感じ、それから出てくるイメージが大きな影響力などを人に与えることがあるらしい。

昔の学生さんなどは先生にあだな(ニックネーム)を付けるのが実に上手く、本名を全く知らなくても、そのあだなを知っていれば「アァこの人だな!」と、すぐ解かったもので、何度も感心させられたものです。

そんなことがあったでしょう。

今の若い人達はどういう訳か、あまり上手くないですね。個性がなくなったからでしょうか。

ところで、人名には姓と名とが二つありますが、名前をよく呼ばれるという人は、徳があると言うか、人気があるというのか、呼びやすい所以(ゆえん)もあるのでしょうが、良い人が多いようです。

人名も店名も、一生関わる名前です。良い響きの名が良いですね。

タイムリー

南部鉄と言えば東北が有名ですが、鉄瓶などを造っている社長さんが不思議がっていました。

「吾が社で作っている鉄瓶やテンプラ鍋は、一つとして帰ってこないんですよ。こうした鋳物は溶かして何度でも造れるのですが、帰ってこないんでね。造りっ放しなんですよ」と。

そうした品物は、一体どういう所で使われるのかというと、全てと言って良いほど、結婚式の引出物(吹き出物じゃない)なのだそうです。

二人用にしては大きいし、三～四人用に使うと小さ過ぎてしまう。まして、お客様に出す訳にも行かないというのであれば、行き着く先は見えている、押入れだ。

その押入れには何と、使いようのないお盆、ランプ、コーヒーセット、鉄瓶、テンプラ用の鍋、ホットプレート、すき焼鍋、ポット等々が、所狭しと並んでいる。

これじゃ社長が言うように帰ってこないはずだ。

予算に合う物と言えばそういう物になるのだろうが、アイディア不足か、個人の好みで単品を選べないからでしょう。

つまりはタイムリーでないし、客に対する思いやりの無さ。ピッタリ来ないのですね。気持ちも品物も、タイミングも。

これがピッタリ、何とも言えずすんなり上手く行くことを、神通(じんずう)という言葉で表します。

喉が乾いた。水が飲みたい時、二十分も待たされたんじゃ、神通の力は働いていないということ。料理も仕事もピタッと思った時、感じた時に、二人が十人が百人が、一つの世界になれる。これを神通と言うのだ。

もっと大きな目で見ると、この世に私の命があるということも、神通の働き。

あなた方夫婦に子供が居るということも、神通の力なのだということになる。つまりは、生きているのも神通であるから、ピタリと生きていける。だから改めて、ピタリと合うことに考えてみましょう。

「上手く感覚が合っていますか? 生きている、生かされていると感じれますか?」と、自問自答してみましょう。

反省します

昨夜、頂き過ぎたお酒の所為(せい)であるのだろうか。眠ることがなかなか出来なかった。

ご不浄(ふじょう)(トイレ)に行き、口を濯(すす)いで、寝床に戻ってもどうにもならず、一服点けては目を閉じてみた。

様々なことが頭の中を去来するのである。若かりし頃の、恥ずかしいことを恥かしいとも思わず、過ぎ去った日の一コマ一シーンが止めどなく溢れ出くてくるのだ。

全く、穴があったら入りたいと思うようなことの連続である。「私は何一つやましいことはしていない」

と放言する方も居るが、私にとっては、とてもそんなことは言えない。

幾度、余計な一言で相手を傷付け、怒らせたのであろうか。何度失敗を繰り返しても、反省のかけらすら見えぬ自分の、何と思い上がった輩（やから）であることか。

そう言えば、禅の修行には坐禅というのがある。「無になれ！　無心の心境になれ」とは、それは一般の人の言うことであるようだ。

指導者は、己の頭の中にある罪を全部出してしまえ！　逃げるのではない。自分の愚かさを全て出し切ることで、甘っちょろい自分に気付き、多くの恩に支えられ守られていることを忘れるな！　もっと、吐き出せ！　もっと、噴き出せ！　小ざかしい智慧などは捨ててしまえ。地位も、名誉も、経歴などは何の役にも立たないのだ！　本来の自分に立ち返れ！

これが、本当の教えであろう。

眠ることの出来ぬまま、湧き出してくる思いに、反省を繰り返しました。

「よく、あんなことが出来たものだ」と思えば思うほど、「逃げ出してはいけない。自分に都合の良い解釈をするな。他人の所為にするのではない」と、恥じ入りました。

いつしか寝入ってしまったものの、身体の疲れは、気も疲れさせ、思わぬ反省の時間をくれるものです。でも、若い頃のそうしたものは、本人は忘れていたと思っていても、心の中を開き覗いてみると、しっかりと覚えているものですね。

それでもシラッとした顔で明日も過ごすんだなァ。

母の想い

名古屋の市中を流れる川の一つに、精進川（しょうじんがわ）というのがあります。そこに一つの橋が架かっているのですが、その橋の欄干にはこんな言葉が、銅板に彫ってあります。刻んであるのは擬宝珠（ぎぼし）という部分です。その内容は原文の通りで、「てんしやう十八年二月十八日にをたはらの御ぢん　ほりをきん助と申　十八になりたる子をたたせてより　又ふためともみざるかなしさのあまりに　いまこのはしをかける事ははの身にはらくるいともなり　そくしんじやうぶつし給へ　いつかんせいしゅんと　後のよの又のちまで　此かきつけを見る人は念仏申給へや　三十三年のくやうなり」とあります。訳をしてみましょう。

天正十八年二月十八日に、小田原での戦土に行った者の中に、堀尾金助という名の十八歳になる若者が居り、その戦であの世へ行ってしまった。もう二度と顔を見ることが出来なくなってしまった悲しさの余りに、私は今この橋を架けようと思ったのです。

この母の身には、落ちる涙ともなるのです。ですから、「どうぞ『逸岩世俊（いつがんせいしゅん）』（息子の戒名）、その身が成仏して下され」と願うのみです。後の世、また、後の世までも、私の書いたこの書き付けを見た人は、一遍でも良いから、お念仏を唱えて、この橋を渡って下さいますように。この橋を建てたのは、三十三年目のお供養なのですから…。

これは豊臣秀吉に従って、小田原城を攻略する軍団に参加し、十八歳で戦死した堀尾金助という若者の三十三回忌の供養のために、年老いたその母親が、長年少しずつ溜めたお金で精進川に橋を架けたのです。

その橋に渾身（こんしん）の願いをかけて、擬宝珠に彫り込んだのです。

人々はこの擬宝珠の字を見る度に、お念仏を唱えながら、この橋を渡って行ったことでしょう。

この老母の深い哀しみに積まされながら、この岸から向こうの岸（彼岸）へ渡っていくのです。この擬宝珠は、今も精進川に残っています。

愛犬阿修羅（アシュラ）

私のお寺に十年前、一匹の犬がやって来ました。ご近所から頂いたのです。柴犬の雑種で、とても可愛かったのですが、幼い時からどうも咬み癖がありました。私の寺では、金魚でも何でも、生き物の名は一番目が阿修羅（アシュラ）、次が迦楼羅（カルラ）、緊那羅（キンナラ）、摩喉羅伽（マゴラガ）と、仏法守護神の名を付ける習わしと決めておりました。そこで、この犬には当然アシュラと命名したのです。よく走り回って遊んでおりましたが、咬み癖の所以（ゆえん）か、紐も咬み切り逃げ出したりしたのです。メスでもありましたので、不妊手術をしました。これ以上、面倒見切れないと思ったのです。

ある老婆が、繋がれているアシュラに向かって「私は犬が嫌いだ」と言って、石を投げ付けました。それから、お婆さんの姿を見ると誰彼無しに吠えるようになったのです。

罪な人もあったものです。

それから十年、急に食べなくなり、腹水が溜まり、寝たきりで歩く気力もなくなり、衰えている姿は哀れでもありました。

顔も首、背中の肉も落ちて、虚（うつ）ろな眼で伏せっておりました。五月三日の朝、堅いウンチが二コしてあり、家内がそれを片付けようとした途端、首がガクッと落ち、ひきつけのように震えました。家内の「アシュラ！　アシュラ？」と呼んだ声はもう悲痛でした。

口唇（こうしん）は白く泡を出し、静かに息を引き取り、私共も止めどなく涙が出て止まりませんでした。

「生まれ変わることがあったら、良い所へ生まれろよ」と、お祈りをしましたが、家内の父が亡くなった年から飼い始めましたので、丁度十年。

穴が一つ、ポツンと空いたようで、淋しい気がします。

「人間でも犬でも同じなんだな。亡くなる時は」と思い、「もう、生き物を飼うことはするまい。あまりにもかわいそう過ぎる」。愛する者、大切にしたい者と別れるのは、悲しいことですね。

一つの命が、吾が家から消えました。その名は『アシュラ』という犬の柴雑種です。

可愛がって下さった方、ありがとうございました。

呼びかける
充電力のない電池（バッテリー）をラジオに入れてみたところで、電波は入ってこないし、当然声を聞くことも出来ない。

電力がある電池を入れると、後はチューナーを回すだけ、つまり、選局するだけで好きな番組や曲が楽しめるのは、もう充分過ぎるくらいお解かりでしょう。

そこに力があるかないかと言うことが一番大切なことですが、例え力があっても、プラス極とマイナス極が、しっかり繋がっていることも大事なことです。入れるべき方向に向かって、キチンと定められたようにする。これも当然至極のことです。

話が変わりますが、お経を読むということにより力が備わる。そういう力のことを、法力（ほうりき）とか経力（きょうりき）と呼んでいます。昔の物語や『耳なし芳一』の話を出すまでもなく、ご存知の方も多いでしょう。私達が日頃から、「仏さま、仏さま」と呼び続け、仏さまのお心に適うような生き方（難しいことですが）をしていれば、法力とか経力というものに守られていけるのではないでしょうか。

朝、一番最初のご飯をお供えし、水も換えて、鐘を鳴らし、「今日も一日、お守り下さい」と、家族揃ってお祈りします。

詰まっても間違っても良いから、まず、お経を読むのです。『読書百遍にして、意おのずから生ず』とも言います。自分の声を、自分の耳で聞きながらお唱えするのです。

呼びかけも何もしないで、返事が返ってくることはありません。

人が唱えたものが自分の力となることはないのですから、人を頼りとせずに努めてみませんか。

苦しい時の神頼みというのは、少々身勝手過ぎるように思います。だって、仏さまや神さまのお像を見ると、いつも私達の方ばかりを見て下さっておりますし、手を合わせて祈って下さってます。

それにお応えしないというのでは、申し訳ないこと。

「お経を読むのは難しいから」と言うのであれば、お念仏でも良いでしょう、お題目で良いじゃないですか。これなら出来ます。

思いこみ

友人二人と展示会を開きました。一人は俳句をする彼で、二日間の決められた時間内に一日五百句、合計一千句を作ろうと発願し、挑戦したのです。あと一人の彼女は新書体に挑み、育児に追われながらの展示となりました。私は拙ない水彩画と彫刻を少々飾って楽しみました。陣取った所は、通りからは一寸（ちょっと）見えにくい所にありましたが、私からは、はっきりと見ることが出来ます。

往来を行きすぎる人が、此方（こちら）をそっと覗いては、行きすぎて行きます。

「見てくれないかな。一寸（ちょっと）、足を留めて欲しい」などと思っていますと、「アア、この人は入ってくれないな。アッ、この人は入ってくれるな」というのが、その人の雰囲気があるのでしょうか。良く解かります。

ある方が「何でも、お出来になるんですね」と賛辞を頂きましたが、そんなことはないのです。才能がそれ程ある訳でもなし、それぞれに深く勉強したのでもありません。

ただ、楽しみたいと思っているだけです。そして、「こうしたら良いのかな。今度はああしてみよう」と、自分ながらにやっていると、なかなか面白いものです。

「私には出来ないナ」と思っていると、いつまで経っても自分の物にはならないのじゃないでしょうか。見るばかりも良いとは思いますが、自分でやり始めるともっと楽しいことが味わえるのじゃないですかね。

私は、人間は本当は何だって出来ると思うのです。一緒に展示会を開いた友人達のように、書、俳句、短歌、花、詩、文章、絵、カメラ、音楽。自分の中には、無限の可能性を秘めているような気がしませんか？

何だって、やってみないことには、解からないですよ。面白さは。

可能性があるのに、それを押さえ付けているのは、これまた自分の『思い込み』『出来ないな』という偏見だと思うのですが、如何でしょうか。

道往く人々が、何にでも興味を示して覗いていけば、やってみたくなるのじゃないのかな。

行動を起こさないと、何も結果は見えない。

吾が宗教は

アメリカから来日するロータリークラブの家族を、日本のクラブ員が自宅に宿泊させるという催しがあり、総持寺副監院だった佐藤俊明師の家にも、キャロル夫人と娘のローラちゃんが泊まることになりました。

二人は初対面の挨拶が済むと、アメリカ人特有の明るさから、早速、家族の写真を取り出して、一人ひとりを紹介しましたが、続いて「これが、私たちの教会です」と、教会の写真を示し、牧師さんの人柄などを楽しそうに話してくれたのです。佐藤さんはそれを聞いて感心すると共に、日本人が外国に旅行する時、自分の寺の写真を持って、寺の歴史や、住職の人柄などを説明するだろうかと考え、宗教が生活の中に生かされ、信仰が生活の基盤になっている外国の人が羨ましく感じられたと言うのです。

また、こんな話もあります。

アメリカで、ボーイスカウトの世界大会が開かれ、日本からも大勢のスカウトが参加しました。大会終了後、各国のスカウトは、アメリカ各地の家庭に分宿したのですが、礼儀正しい日本のスカウトはどこの家庭でも評判が良く、歓迎されました。

ところが、アメリカ人の家族から、「あなたの宗教は何ですか?」という質問を受けると、日本の殆どの少年は答えることが出来ず、そのため日本のスカウトに対する評価が下がったというのです。

日本の少年が、自分の宗教について答えられなかったのも無理はありません。何しろ、七五三や新年には神社にお詣りし、クリスチャンでもないのに教会で結婚式、死ねばお寺でお葬式というのが、日本では極く普通になっているからです。日本人にとっては、何の矛盾も感じないこの習慣も、外から見ると理解し難く、誠に節操のない人間に見えるのです。

日本人の中には、「私は無神論者だ！　神も仏も信じないし、私には宗教なんて必要ない」などと高言してはばからず、むしろ、無宗教を自慢しているような人も少なくないのは残念なことです。

木づくし

金の成る木があるという。コン木（根気）にユウ木（勇気）・ゲン木（元気）・シ木（士気）・カッ木（活気）・エイ木（英気）・チシ木（知識）・ジョウシ木（常識）・ゴウ木（豪気）にフン木（奮起）・ハヤオ木（早起き）・ヨウ木（陽気）・ハタラ木（働き）・オチツ木（落ち着き）・ナナコロビヤオ木（七転び八起き）。

常にセイ木（精気）を持ち、ショウジ木（正直）で、何事にもナガツヅ木（長続き）して、自分の職業にホン木（本気）であたれば、吾が家の庭に、この『金の成る木』が自生することは間違いありません。

しかし、うっかりすると、次のような雑木が庭に茂るかも知れません。

ビョウ木（病気）・ウツリ木（移り気）・ウワ木（浮気）・ヨロメ木（よろめき）にタン木（短気）やソン木（損気）・タメイ木（溜息）・コテサ木（小手先）・ホラフ木（法螺吹き）・イン木（陰気）など。

こんな雑木が茂り出すと、何をするにもイヤ木（嫌気）がさし、いつの間にかウソツ木（嘘吐き）になり、そのためにノッピ木（のっぴき）ならぬ破目に落ち入り、世間からはもちろん、家の者にまでゴロツ木（破落戸）のように嫌われます。

世の中には、言うことは立派でも、本質的には余り評判が良くなく信用の置けない人もおります。

こんな人の庭には、良くない木が生えているのではないでしょうか。

ホラフ木や、ヤマ木（山気）は、すぐにメッ木（鍍金）が剥げて、その枝にはビン棒（貧乏）という棒になりますが、こんな悪い木（気）は大きくならぬうちに、切り倒したいものです。

人の力をアテにせず、何事もヤル木（やる気）を出して、マケン木（負けん気）で頑張り、神仏のオミチビ木（お導き）を頂いて、良い木に肥料を施しましょう。

「自分は、まだ若い」などとイイ木（いい気）にならず、折角人間に生まれてきたのですから、この生涯を出来るだけユウイ木（有意義）に送りたいものです。

心の年輪を

山に樹木を植える。すると、その木々に東西南北の風が当たる。

幼木のうちは良いとして、年を重ねる毎に年輪は増えて、その木の年齢を知ることが出来るようになるのは既にご存知のこと。

この風がくせ者である。

東から南、西日と穏やかな風ばかりなら良いのだが、必ず、冬という試練の時がやって来る。北風の良く当たる木は、北側は必ず年輪が密になっていて、南側は年輪が広がり、切り株などを見ても日本では東西南北が解かる。これも、学校かキャンプで習ったことである。

しかし、いざ材木を取り出す側、柱を作ろうとする者にとっては、どの部分を使うかというと南側に延び切った広い年輪の所は使わない。

むしろ、延びる率の少なかった北側と中心部分を主として使うのである。それは何故か。年輪が広いと、木はもろくなるからである。つまり、使用に耐えるには年輪は詰まっているのに限る。

このことを、私達の日々の生活や人生に置き換えてみれば、どうだろうか。いつまでも幸せが続き、幸運なことばかりある訳はない。むしろ、この世は、悲しく涙することの方が多いようにさえ思える。

それらが一つ一つ自分の年輪を形づくって行くならば、延びる率は少なくとも、この人生に必要なのは、北風という哀しみに吹き付けられた、細かい年輪でなくてはならないということである。

師僧がある日、私にこう言って教えてくれた。

「幸せはまどろみ。悲しみは目覚め」。

のんびりと育つことも良いが、悲しみや苦しみから一体、自分は何を学び、何に対して『目が開く』かということでしょう。

悲しみは、悲しみで終わらせてはならないのです。それがあるから人は目覚め、確実な一歩を踏み出して行くことが出来るのです。

一朝一夕に出来る物ではありませんが、少しでもと思う所から始めましょう。

木一本にしたって、用材となるには五十年から六十年かかるのですから。自分の木をどう育てましょうか。

福分を頂く

インドでも中国でも、祖師方は、立派な人と、人にも知られたような人達は皆、財宝を貯(たくわ)えようと思えば幾らでも貯えられるのに、自ら進んで貧しい生活をなされ、乞食(こつじき)の生活をなされたのである。また、それが立派なのだと言われている。

仏さまは、自分が使う可(べ)き財宝を全部（自分のために）貯えておかないで、自分は乞食をして、僅(わず)かな物で生活をなさった。

そして、有り余った物を、末世の弟子達に福分として回された。こういう考え方が、インドにあったのである。

だから、末世の弟子達はお坊様になると、食べ物にも、身に着ける物にも、不自由をしないで修行が出来るのである。それは、如来が末世の弟子のために残された物を頂いている訳である。だから、粗末には出来ないのである。

恐らく同じような考え方で、世のお爺さんやお婆さんは皆、自分が一生の間に使うはずの物を使わないで、孫子のために残してくれたのであろう。それが今、我々の生活の中に生きているのである。

あまり働きもしないのに、どうして、あの人はあんなに幸せなんだろうという人が、世の中に居る。それは、その人の先祖の福分を今、食べているのであろう。それを食べ尽くしてしまうと、今度は自分の子孫が、食べるべき物がなくなってしまう。だから、今は良くてもその子、その孫の代になると、とんでもないことになる。そこで、心ある人は自分が受けるべき物を、十分の一ぐらいしか受けないで、それは子孫のために取っておこうと考えたのである。

こういう考え方は、大変素晴らしいと思う。「そんな物、証拠も何もないではないか」と、笑う者もあるだろう。

笑うものは笑えば良い。

信じる者と、信じない者と、どちらが人生に深い物をもたらすのであるか。それはもちろん、最初の考え方である。

この福分ということについては、重々、日頃から考えておかねばならぬことである。

もっと愛語

幼稚園、小学校、中学校、高校生と、吾が子が成長するに連れて、声も体も変わってきます。あるお母さんが「近頃、子供の口答えが多い」「反抗的で困る」とか「全く何も話さなくなった」など、子供との関係が上手く行かない悩みがよく聞かれます。

このお母さんは、小学校六年生になるA君と上手く行かなくなり、悩んでいました。

ある日のこと、お母さんが「もっと、優しく話せないの?」と、乱暴な口答えをするA君に言いました。すると、「何言ってんだよ! お母さんの方が、ズーッと僕に酷(ひど)いことを言ってきたじゃないか!」と、言い返しました。

A君の言葉に、すっかり考えこんでしまったお母さんは、フと「今日から、私は息子にどんな言葉を言っているのか、記録をしてみよう」と思い立ちました。そして、一ケ月。

A君に言っている言葉を整理して、お母さんは、信じられない程、驚いたのです。

常日頃、何の気なしに言っているA君への言葉を文字にしてみると、「何て、酷いことを言っているのだろう」と、涙が溢れて止まらなかったそうです。

「あなたは、何てグズなの」。

「この程度のことが出来ないなんて、ろくな大人になれないわよ!」。

「いつになったら解かるの。頭が悪い子ねェ!」

そして、極め付けけは「あなた一体、誰の子なの？　あなたみたいな子を生んだ覚えはないわ！」。

お母さんは、ぞーっとしました。

こんな酷いことを数年間も言われて育ったら、どんな子どもでも、おかしくなるのは当たり前で、親が嫌いになると思ったと言うのです。

これでは、いつか子供の我慢が爆発して、家庭内暴力にさえ発展すると、つくづく思い、「よく、吾が子が耐えてくれていたものだ」と、すまなく心が痛くなったのです。

あまり気に止めることなく言っている一言が、どれだけ小さな胸を締め付け、痛め付けているか計りしれません。

もっと、愛語を！

食事の回数

あなたは今、何歳ですか？　もし今年、成人式を迎えられた方、或いは四十歳の方は、思い直して欲しいのです。今まで過ごして来た年月日を。そして、この間に無意識といっても良いくらいに、ただ受けて来たことの数々を。

間違いなく、過ごして来た中に、『食事』があります。

確実に三度、朝昼晩と食事を摂ってきたことが、今、あなたが生きてきた、生きている原因です。

これの回数を見てみますと、何と二万一千九百回になるのです。そして四十歳の方は、その倍の数。つまり、この二十年間にあなたは、ほぼ二万回の食事をしたことになるのです。

さて、これを誰が作ってくれたのでしょう。

もちろん、自分では出来ないのだから、学校給食以外はお母さんに決まっています。お母さんは、自分のためだけではなく他人（元は吾が子だって、他人に違いないから）、他の人のために、二十年もの間に二万回の献立を考え、調理したのです。

これは、大したことだと思いませんか。しかもまだ、これからも作ってくれるのです。

この愛の力がなかったら、とてもじゃないけれど出来ることではありません。その上、何の駆け引きもなく、作ってやったとも思っていないのです。無償の愛の形です。

「健やかであれ。明るく、良い人になれ」という願いが、日々三度の食事を作ってくれるのです。

出された料理を、今まで当り前と思って口にしてきた自分。時には「マズイ」と文句を言ったこともありました。

何という生意気なことでしょうか。買物、仕込み、料理、片付け、掃除で、やっと一息。すまないことです。

そうして、私達は『おふくろの味』を知って来たのです。

この味が、お母さんの愛の味というものです。

母の日と言えば、すぐにカーネーションや品物をプレゼント。実に、簡単。こんなにあっさり片付けていいものでしょうか。

心から「ありがたいなァ」と思えたら、素直に「美味しかった。ありがとう」と言いましょう。それが、一番！

つまらぬ遠慮

世の中には、ずうずうしい人と、謙虚な人の二通りがあると思うのです。人の気持や状況を全く考えずに行動する人が居るが、無神経で、無作法で、どうしようもないし、例えたしなめても、「どうして?」という顔をしているし、「私の方が悪かったのかな?」と、錯覚を起こす程だ。『こういう人は、言っても度し難しだから』と、私は泣き寝入りとなる。

法衣を着けて本堂に入り、これからお勤めが始まろうとした時、突然、私の肩を掴んで、「アンタ! この前な!」。

一体、何ということを。

当然、良い気持ちのお勤めは出来なかった。

板に、相田みつを師の字を彫り、希望の方があったら、差し上げている。この時は展示のみだった。しかし、あるご婦人は「どうしても、手に入れたい。お願いです」と言われ、嬉しくなってつい差し上げた。こういうのは、ずうずうしいとは言わないのだろうね。ちょっと、独断と偏見が強すぎるかなァ。

「この刻字を、私もしたい」と申し込まれた人が居た。「道具はこれで、材料は私が用意しますが、実費頂きます。ところで、いつが良いですか?」と聞くと、「来てもらうのは申し訳ない。人が少ないので失礼にあたる」と言い訳ばかりして、「一体、本当にやる気があるのか?」と、私が疑うくらいだったが、何度も

「したいが、申し訳ない」との繰り返しでとうとう駄目になった。

これは、謙虚じゃない。つまらぬ遠慮というものである。

どうしても見たい映画や講演があったら、「券を送ってもらうのは申し訳ない。こちらに来てくれるのは気が咎める」などと言うのだろうか。

つまりは、本心じゃないのでしょうね。

世間体や余計なことばかりを気にして、大切な物に出逢わないし喜びもない。残るのは、言い訳だけ。

そして、どちらにとっても大切な時間を浪費しているのです。

『少年老いやすく、学なり難し』であるから、『一寸の光陰、軽んずべからず』なのです。二度とあると思うな、今のこの今。

衣荷食松

お釈迦様はその昔、一日の食事に見合う物だけを托鉢して、人々から頂いた。朝食と昼十二時まで食べる二度分である。

美食をしようと思えば、幾らだってお供養してくれる者は居たし、沢山、布施をしようとする王様たちも居たのである。

しかし、「過ぎたる食は、邪魔になることはあっても、益とはならず」と、実に質素そのものであられた。

着る物も、人々が捨てた布切れをつぎ合わせて、これを袈裟とされたくらいである。

ある時、国中に飢饉の年があった。お釈迦様は定められた様に托鉢に出られたが、誰も布施する者がなかったのであろう。

そこへ馬主がやって来て、馬の食べる麦を布施してくれたのである。馬が食べる物であるというから、人間にはちょっと食べにくい物と思われる。それを、お弟子たちと分け合って召し上がられた。

また、瞑想を伝える禅の祖師の一人は、蓮の葉っぱを繋ぎ合わせて『衣』とし、松の実を食べては飢えを凌がれたと伝えられる。この話は『衣荷食松』と言って、名高い話である。

振り返ってみて、私たちは何と美食であることか、一考しなければならぬと思う。

外食産業が大はやりであり、車に乗って食べに行く。「あの店が美味い。この店の味が落ちた」と、文句を付けている。それを、子供が聞いている。

ある母親は食べ切れない程注文し、半分以上残しても、金さえ払えば『私は、お客』と思い込んでいる。何という思い上がりだろう。

一日の食事さえ、ままならぬ人々も居るのである。せめて、腹八分に止めておいて、頂いた食事の分は働き、多くの人々の幸せのために、一助となるようにしなくては、本当に生かしたことにはならないだろうと思う。

多くの方々の汗と力のお蔭で作られ、運ばれ、料理されたのである。

一食抜いて、その分を飢える国にお供養しようという団体もある。出来ぬことはない。感謝することから始まる。

地球号

月旅行をした宇宙飛行士の、ジム・アーウィンは語る。

「宇宙飛行士たちは、それぞれに独特の経験をしたから、独特の精神的インパクトを受けた。共通していることは、全ての人が、より広い視野の元に世界を見るようになり、新しいヴィジョンを獲得したということだ。私はミサイルの専門家だったが、今の超大国の軍事的対立を、とても悲しいことだと思うようになった。ソ連の脅威と言うが、ソ連もアメリカの脅威を感じている。お互いに脅威を与え合うという、この関係の底にあるのは、結局の所、観念的対立なのだ。目的を異にする観念体系を、お互いに持っているというだけで、世界中の不幸な人々を全部、救済して余りあるような、巨額の資金を投じて、お互いに殺し合う準備を無限に積み重ねているという、この現状は悲しむべきことだ。神のメッセージは、「愛せよ」の一語であるというのに。私は、宇宙飛行士は自分たちが、宇宙で得た新しいヴィジョン、新しい世界認識を、全人類に分かち合えるべき責任があると思う。我々が宇宙から見た地球のイメージ、全人類共有の宇宙船地球号の真の姿を伝え、人間精神を、より高次の段階に導いて行かねば、地球号を操縦し損なって、人類は確実に滅んで行く。人間は皆、同じ地球人なんだ。国が違い、種族が違い、肌の色が違っていようとみんな同じ地球人なんだ。最低限度、これだけは知って貰いたいね」。

地球を一千万分の一の大きさにすると、運動会のボール転がしのボールの大きさになると言う。そして、私たちの命を守っている大気は、そのボールの上に、たった二ミリの厚さしかない。

この大気が、オゾンが破壊されようとしている。全く、少数の者の受益のために。

宇宙から帰ってきた人の中で、宗教者になった人は多いと聞くが、何かが変わるのだろう。国境などとは考えず、『地球号』一つと見るからだろうか。

当不当八卦

「あなたのお父さんは、死んでェいないでしょう」

「はい、もう亡くなって久しくなります」

「そうじゃろう。死んで、いないはずじゃ！」

「あなたのお父さんは、死んでェいないでしょう」

「いいえ！　まだ、亡くなっておりませんが…」

「そうじゃろう。死んでいない、はずじゃ」


　どっちにでも取れる言葉で、『明日は雨が降る天気ではない』というのも、そう。

　はてさて、何でこういうことを書き出したかと言うと、世の中には、実に様々な人が居るもので、まことしやかな言葉につい乗せられて、「印鑑を、壺を、金の延べ棒を、手に入れれば、幸せになれる」と信じて（いや、思い込んで）いるのです。

　その一つが、占いのたぐいです。

（1）あなたには、水子の祟りがある。すぐお供養しないと、あなたが病気になって、死んでしまいますよ。

（2）先祖の霊が成仏しないで、地縛霊、背後霊となって、あなたに憑り付いておる。お祓いをしてあげましょう。

（3）あなたの家族中が、病気や事故、ケガが多いのは、無縁仏が障りを起こしておるのだ。このお守りを持っていれば、大丈夫です。

自分の心の中で争う物や、不安なことがある。それを誰かに聞いて貰って、「その人のせいではない。何か、目に見えぬ物の力である」と言って、心のスキに付け込むのです。

本当の易学や気学をしておられる人は別として、多くの場合は、「当たるも八卦（はっけ）、当たらぬも八卦」と言うように、答を出してくれる人も、実にウヤムヤな人が多いものです。

霊能力のある人は、「私には霊力があるんです！」などとは決して言わないものです。

生きている限りはケガもしますし、事故にだって遭います。もちろん、病気にもかかるのです。

たまたま家中がそうなっただけのこと。そんな時こそお互いが額を寄せ合って、心を強くするように話し合い、励まし合わないと、スキだらけになりますね。

一病息災で行きましょう。

一人よがり

近頃、テーマを立てて、考えていることがある。時には、頂いた言葉であったり、本の中で見つけた詞（ことば）だったり、経文（きょうもん）の一句一偈（いっくいちげ）であったりもするのだが、今、考えている言葉と言うか、注目しているのが、『トータルとローカル』ということ。

トータルと言っても、総合とか、辞書に出ているような意ではなく、『広大な視点に立ってみると』と言えば、解かって頂けるでしょうか。

また、『ローカル』とは、田舎とか辺境などという、これも直意ではなく、『偏見に満ちた、狭い見方・考え方』と言うとして理解して下さい。

例えば、平和という行動を起こすとしますと、宗派や立場という垣根は不要であって、まして「キリスト教とは、どうもネ」などと区別する必要はないでしょう。

人が、一回こっきりの人生を歩もうとする時、私は女だから、男だからということもないと、私は思うのです。

学ぶことは、学び切れない程ありますし、いつからでもどこでも学べるものです。

それを止めさせているのは『自分一人の身勝手な思い』でして、いわゆる『一人よがり』なのだと思うのです。

「私には出来ないな」と思い込んだり、「あんなことをしやがって」と、愚痴っぽく呟いたり、妙にこだわりを持っていると、楽しむべき時に全く楽しめないのではないでしょうか。

近くの所を借りて、落語会を持ちました。切符販売は私のお寺だけでした。すると、電話があり、「落語を聞きに行きたいが、お寺が私の寺と違うので買いに行けない」と言われる。聞いてみたら、親類のご法事の時、私のお寺へもお参りに来たことがあるとも言われる。では一体、何が切符を買わさせないのだろうか。

それは、自分一人の思い込みだけなのです。

そんなことがあるから、自分を高められないし、その時の巡り逢いに遠ざかってしまうと、私は思います。

もっと高い、大きな視点で物事を見てみたらどうだろうか。そしたら、新しい世界が広がると考えるのだが…。

父の策略

私はお坊さんになる気は全くなかった。中高生の頃、日曜日となるとご法事の連続であったし、お経の練習、頭髪は短く刈られ、作法はうるさいし、叱られては涙を流し、衣をつけての正坐は、何としてもさけたかった。

「友達と約束がある」といっても取り合ってくれなかったし、自分が楽になることだけを考えていた。たった一年だった教員生活も終わり頃、念願の教師にもなれたのだから一つここへお前、印を押せ！ と父（師匠）に言われて、そのまま疑わずに押したのである。

すると、何ということか、第一回目の修行に入ると書かれた誓約書だったのだ。

笑顔にだまされたと思う間もなく「ハイッ明日からこの荷物を持って、本山で修行してこい！」と有無を言わさぬ、きびしい顔つき。

あの時の親父の何と憎らしかったこと。

入行テストを終えて入ってみたら、新聞、ＴＶ、ラジオ、読書、タバコ、酒、全てが禁止。許されるのはお経を読むこと、頭を剃ることのみ。

軍隊生活みたいなものだ。

いや、もっとひどいかも知れない。だって食事は一日に二回こっきりしかないのだから。飢えと睡眠不足は耐えがたいと思っていたが、全員がそうであるから、いつしか当り前となっていた。

楽しい日々だった。世間のことにわずらわされないのだから、こんなに気軽なことは初めての経験。

今から考えてみると、情報社会であるこの世界は、余りにも人をまどわし迷わせる社会ではないのかと思う。

それにしても、一番なりたくなかったお坊さんの修行の、何と楽しかったことか。いくらあらがっても、私はお坊さまになるようになっていたのではないか。

もちろんそう躾けられてはいたが、うまく表現できないが、大きな力がはたらいて「お坊さまになりなさい、それが一番良いよ」と、うながしてくれたような気がする。

そして、父が生まれ育ったお寺に今、私は坐(すわ)っている。

ありがたいことだと思う。

自分を発見

愚痴をこぼすひとの話をよく聞いていると、まず多く出てくるのが「私が…したのに」とか、むくわれないとか、他の人を非難したうえに、自分一人か、吾が家だけが正しいと思いこんでいるように思える。

人並でありたいと願うのではなく、それ以上のくらしをしたい、する権利があると考え、それだけのことはしてきたと言うようだ。そしてついには、「いつまでたっても、どんなになっても満足する」という心がおきない。

つまり「もう私はこれで充分です」といわないので、しまつに困る方だ。

その言葉を逆に私は考えてみる。むくわれていないというが、そうだろうか。

そういう見方ではなく、皆さん一等(平等)であるとは見えないか。

空気は全員に同じである。

お天道さまの輝きも同じであるし、雨がふるのも人をえらぶということはない。風も吹いてくれるし、暑さ寒さも一等である。

他の国のように、山の水が汚って飲めないということはない。この国に生まれて、ありがたいはずである。もし戦に明けくれる国であったなら、どういう愚痴をこぼすのだろう。

平等であるという見方をしないで、また努力もしないで、望みを高くするのは身勝手と言われてもしかたのないことだろう。

他の国や人々を差別する気は毛頭、私にはない。しかし、めぐまれているな、と感じ、ありがたいなと思える生き方のほうが、良い人生を送れるし、善き人との出逢いがあるのではなかろうか。その上、勉強しようと思えばいくらでも出来るし、医療に守られ、そうそう危険な目にあうこともなかろう。

また、人間としてこの世に生きてゆけるのは、何としてもすばらしいことなのだ。たった一つしかない生命ではあるが、どのように生きて行くのも勝手だとしても、こうした見方が、諸物に感謝し、生き生かされてると謙虚であるほうが、新しい素晴らしい自分を発見するように思える。

如何（いかが）

スキンシップ

外国ではお寿司が大評判、フトンも片付ければ部屋全体が使えるし便利、西海岸では、日本の建築方法が気候に適していると絶賛している。所が、吾が国は全く逆で、子供は早く自立させねばと、部屋におしこみ、ベッドでトースト。

アメリカの映画監督スタンバーグが来日し、赤ちゃんをおんぶして子守歌をうたっている日本のお母さんの姿を見て、

「世界中どこへ行っても、こんなにやさしい母親の姿は見たことがない。本当にすばらしいことだ」と感動してほめそやしているのです。

何も外国の仕方が全部良いし恰好良いとは限りません。

こんな話があります。

幼い子供を近所に住む祖母にあずけ、共働きで会社づとめをしていたお母さんが、ある日帰宅すると、日めくりのカレンダーが青と赤の色の紙だけをのこして、あとは全部むしり取られていたのです。

驚いてよくよく聞きただしてみると、幼い吾が子が、

「だって、青い紙の日と赤い紙の日は、お母さんが家にいてくれるんだもの…」というのです。

この子にとっては、土曜と日曜の両日だけが母親に甘えられる日だったのです。

それを知ったお母さんは、あまりのいじらしさに思わずだきしめて、

「ああ、この子は親の愛情にうえていたんだな、スキンシップを求めていたんだ」と、胸を引きさかれる思いがすると同時に、スキンシップの大切さを痛感したということです。

スキンシップのない生活は、しだいに親子の絆(きずな)を弱め、愛情をむしばみ、子供の成長につれて色々な問題を引きおこしていく恐れが大きいと、精神医学の方からも聞いています。

赤ちゃんをおんぶするのは、健康上からも衛生上からも好ましくない。その証拠に米国や英国などではしていない、そんな習慣はない、と他と比べる人がいますが、他のためにするのではないのです。

吾が子のためにしなければならないし、大切なことなのです。猫かわいがりじゃない。

パーフェクト

えらそうなことを言う資格は何一つはありませんが、よく世の母親は、吾が子への期待を胸に秘め、なって欲しい大人像を描きます。いわく、

「大人になったら、良い大学に入り、良い会社に入り、人には親切で、思いやりがあり、頼られる者、人の心の痛みがわかる、そんな人になって欲しい」と、まだまだつづく。

私は思うのです。そんなに全人格的な人間になるわけはありませんと。そして、そのうえに一体あなたの吾が子に何を求め、しているのかと。

あまりにもパーフェクト(完全)を求めすぎてはいませんか？　百点満点が最高です。そうすれば、そうつづけていれば良い会社に、良い大学に入れるのと、私にとってみれば実におろかしいことだけに母親の気持が集中しているのではありますまいか。

それは言いかえれば、『親が満足する立場』ではありませんか？

私の子供二人は男子です。

私の寺を継いでくれるかどうかは、全くわかりません。

それが本当です。いつ彼等が全く違う職業をのぞむのかもしれないし、彼等がいつ、どこで自分の才能を発揮するのかは、わかりません。

でも大事なことは、苦しい時や、ざせつした時に、乗りこえられる力は与えてやりたいと思います。どう

せ私たちは早く亡くなりますから、今のうちに、『失敗につよい人間であって欲しい』『それを、のりこえていって行く力を持っていて欲しい』と願うのみです。

あまりにも今のお母さん方は、失敗におそれすぎて、その上、吾が子に『パーフェクト』を望みすぎているような気がしてなりません。

となりのあの子は百点だったのに、お前はこの点数だとか、どうしてお前はこれくらいできないのか？とかネ！

それも、自分の若かりし頃の通知表も見せず、語らずですよ！

子供の能力をのばすというなら、ちょっと放ってみることですし、ほめたたえることですし、両親が同じ価値観でいることだと思っております。

私の家庭も、これからそのようにして、つづけてゆきたいのです。

あとがきにかえて

本当の所を言うと、最初書き始めた時、色んなお小言を頂戴するのでは？　ともおそれおののき、充分理解していないのに、これで良いのだろうかと手さぐりの状態だった。

「そうだ、そうだ」と借り物の文を利用したり、そのままの文をのせてみたりと、ある意味において苦心したものですが、いつしか五年目となり、自分でも驚いております。

寒行（撮影 宇利和也氏）

「読んでいますよ」とお言葉をかけて下さった時には何とも言えずうれしかった。

どれも皆様方のご支援のたまものです。

疑問に思われた方も多いのではないかと思いますが、御高配承りますように。

母が五十七歳でガンで亡くなりました。健康であった私は、母が死ぬとは考えもしなかった。しかし事実でした。

母には、人にはかならず死がおとずれるものであると教えられ、ひどいショックを受けたのです。

それが私をお坊さまの道に入らせてくれたと確信しているのです。

それから私に人生というものを考えるようにしてくれたと思います。

人はいつか死なねばなりません。そしたら、生きている間に何をなすべきか、どう生きていったらいいのかが問われる訳です。

祖父、父そして私と僧職にありました。そしてうながされるように一番嫌いであったお坊さまに、自然になれたと感じています。

たとえ人がどの様な職場にあろうとも、自分に与えられた所で、精いっぱい生きてゆくことができたら、こんなにすばらしいことはないと思うのです。

いつも講演に使う題は『二度とない人生だから』という、坂村真民さんの詩からおかりしています。一回しかない人生、一つしかない吾が命。それを助けてくれる多くの方々。少しでもいい、できるだけ共に微笑めるような日々を、一日でも多く作りたいと願っています。

誰のための人生でもない、自分に与えられた人生ですし、命です。

五年目にしてこのコラムの幕を引くに当たり、読者の皆様に厚く御礼申し上げます。

共により良き日々でありますように…。

ありがとうございました。

合掌

青木健斉　拝

（青木健斉著『こころの春夏秋冬』内「ありがとう」より）

旅立ってからの功徳

元号が令和と改まり、新しい希望の光が射すように思ったが、昨今の新型コロナウィルス。世界中が右往左往し、終息の兆しも見られないことを、青木健斉上人が存命であらば、どんな感想を漏らされ、文章に認められただろうか。

約三十五年前から開催した三重県尾鷲市の落語会は、当時の私の芸名を冠に「桂雀司の会」とし、柳蛙会という日本舞踊の会場を借り、年四回開催となったが、その時、絶大な支援をして下さったのが、妙長寺住職・健斉上人だった。

その後、会場は妙長寺本堂に移ったが、いつも爽やかに噺家の面々を迎えて下さったのが青木一家であり、落語会も、打ち上げも、笑いが絶えなかったのは、健斉上人の人柄による所が大きかったと思う。

健斉上人が旅立たれる二ヵ月前に開催した時、「少し、お疲れかな?」という気配はあったが、こんなに早く旅立たれるとは、夢にも思わなかった。

悲しみの内に葬儀の日を迎えたが、極めて不思議な現象があったことを記しておこう。

葬儀は妙長寺本堂で行われ、私も中に入れてもらったが、いたたまれなくなり、外に出た時、雲一つ無い晴天の空の下、本堂の屋根の上にトンビが集まり、「ピィ――、ヒョロヒョロ」と、如何にも悲しそうに啼き始めた。

「トンビも、健斉上人を送りに来たのか。しかし、不思議なことだ」と思ったが、その上の不思議が待っていたのは、トンビの「ピィ――ッ、ヒョロヒョロ」という啼き声が、私の耳には「妙法、妙法」と聞こえ出したのだ。

何度も聞き直したが、そうとしか聞こえなかった。

無論、私の思い込みかも知れないが、そのように健斉上人が啼かせたとすれば、最後の洒落っ気だったとも言えようか。

この度、健斉上人が綴った文章が、一冊の本に纏まった。

旅立った健斉上人の置き土産が、今生の者に「生きる力」を与えれば、相当な功徳を施したことになるし、そのように考えれば、この本が地球上から全て無くなるまで、健斉上人が生き続けて行くことは間違いなかろう。

桂　文我

いつもそこに

「才能ありますか?」
「ありません!」

それが僕とお上人の最初の会話だった。昭和五十八年二月のこと、場所は日蓮宗妙長寺の庫裏で、その日は朴の木の板に文字を彫りつけるいわゆる刻字が青木上人の主催で行われていて、十名ほどの受講者が指示に従って彫刻刀を動かしていた。確か相田みつをの詩がお手本だった。一人一人にアドバイスしながら傍らにやって来たお上人が、ぎこちない僕の手付きを見ながら「ああ、なかなか筋がいい」と言ったので、照れかくしも手伝って冒頭の発言をし、ムッとした言葉を返されたのである。それでも僕は嬉しかった。やっと青木健斉さんとの接点を得たからだ。

話は前年の八月に戻る。尾鷲では精霊送りを港の魚市場で催すため、十五日の夜になると、街のあちこちから、帰省客を含めた多くの人々が盆灯籠や供え物を手に集まってくる。僕もその夜、路地を縫って市場へ行き、線香の煙の立ち込める祭壇に向かって歩いていた。すると、人混みの間から力強い読経が聞こえて来たのである。よく通る声の主は白い衣をつけた青年僧(当時三十五歳)で、真っ直ぐ前を向いた精悍な姿が生き方自体を現している気がした。どこのお坊さんかなと思いつつ、帰って妻に問うと「妙見(妙長寺)さんやろ」とのこと。その日から、「青木健斉」は僕の憧れの存在となった。あの人となら本音で語り合えるに違いない。とは言っても、檀家でない男が用も無いのに「こんにちは」と押しかけるのは気が引け、そうこうするうちに年が明けて三十歳になった僕は、俳句にめぐり逢うと同時期に妙長寺で「刻字教室」が開講されることを知ったのだった。

結果的にこの教室を僕は除名される。なぜなら刻字が目的ではないのだから欠席ばかりで「あなたもう来ないでしょうから」とお上人に引導を渡されたのである。四方山話に八重の花を咲かせるのが常となっていた。

お上人は想像通り否それ以上に自由な発想と豊かな行動力を持った人であった。以来三十数年のお付き合いを振り返ると想い出が溢れ溢れて、いくつかをここに取り出すのは難しい。お上人の知友は合点するだろうが、とにかく筆まめで、歩いて五分の内山家にハガキが届くこともしばしば、妻としばらく沖縄ぐらしをしていた時は、ほとんど毎日のようにポストに便りが入っていた。地元紙の切り抜きや、絵ハガキに数行書かれた近況などを読んで二人して頷き微笑む。それが当たり前のようで、実はかけがえのない「心のノック」であったことを今にして思う。元気ですか？　あなた方を忘れていませんよ、そんな声が聴こえ顔が浮かぶ一葉一葉を重ねることで、青木上人はあらゆる場所で思いやりの樹々を繁らせていたのであろう。

でくのぼう会
青木健斉(右)と内山思考(中央)

ところで、お上人と最後の会話も鮮明に覚えていて、平成三十年十一月十九日の妙長寺境内、お留守だったので帰ろうとすると軽トラックで帰宅したお上人が「思考さん思考さん(楽しい事があると二度呼ぶ)これ一つ」と渡して下さったのがサンマの甘露煮で、僕は「あ、これ大好き、有難うございます」と喜んだのだった。食べ物だから形見と言うわけにもいかず、そんなところにも生々流転の教えがあるのかな、などと勝手に解釈している。

今生ではもう会えないけれど、この一冊をひらくと青木健斉上人が変わらず居て下さる。そう考えると甚だ心強い。

内山思考

ありがとう

尾鷲に越してきて十年目のある日、夫、健斉に、「自分が今迄あたためてきたもの、又思っていることを文章にして新聞に掲載したいがどうだろうか?」と言われ、軽い気持で賛成し南海日日新聞社様にお願いすることに。そして一年分ずつ製本して頂き、それがなんと五冊にも。

その時はこれ程たくさんの文章になるとは思ってもみませんでした。

夫が旅立ってから(平成三十年十一月二十一日)今度一冊にまとめてみてはと桂文我さんからお話を頂きました。これ又軽い気持で賛成しましたが進めていく内に製本するという作業の大変さにめげそうに。しかし読み進めていく中で故青木健斉と話をし、又一緒に旅をしているようなとってもうれしい時間を持てたことに今は感謝しております。

忙しい毎日の中、大変尽力頂きました桂文我さん　内山思考さん　写真でご協力頂きました宇利和也さん。

ほんとうにありがとうございました。

心から御礼もうしあげます。

青木ひろ子

二人で

著者略歴

青木健斉（あおき　けんさい）

昭和22年1月、和歌山県田辺市 本正寺の次男として誕生。昭和38年11月、出家得度。名を泰寛から健斉に改名。昭和46年、立正大学文学部哲学科を卒業。田辺市立高雄中学校に勤務。美濃ひろ子と結婚。昭和49年9月、三重県尾鷲市に転居。妙長寺第25世の住職となる。昭和52年～53年、尾鷲市第四保育園園長として勤務。昭和61年11月～、保護司に就任。昭和63年10月～平成4年9月、尾鷲市教育委員会委員に就任。平成11年、中部地方更生保護委員会委員長として表彰。平成23年、法務大臣表彰を受賞。平成30年5月、瑞宝双光章を授与される。平成30年11月21日、遷化。世寿72歳。

人生はんど仏句

令和二年十一月二十五日　第一版第一刷発行

©著者　青木健斉
編者　青木三明
発行者　藤波優
発行所　㈱燃焼社
〒558-0046　大阪市住吉区上住吉二―二―二九
TEL ○六―六六一六―七四七九
FAX ○六―六六一六―七四八○
振替口座 ○○九四○―四―六七六六四
印刷所　㈱ユニット
製本所　㈱免手製本

ISBN978-4-88978-147-2　Printed in Japan